Alle Jahre wieder

ALLE JAHRE WIEDER

DIE BELIEBTESTEN GESCHICHTEN UND GEDICHTE ZUM WEIHNACHTSFEST

Illustriert von Ludwig Richter

Bibliografische Information Der Deutschen Bibliothek
Die Deutsche Bibliothek verzeichnet diese Publikation in der
Deutschen Nationalbibliografie; detaillierte bibliografische Daten
sind im Internet über http://dnb.ddb.de abrufbar.

ISBN 3-7462-1649-4
© St. Benno-Verlag GmbH
04159 Leipzig, Stammerstr. 11
www.st-benno.de
1. Auflage 2003
Zusammengestellt und herausgegeben: Volker Bauch, Leipzig
Umschlaggestaltung: Ulrike Vetter, Leipzig
Gesamtherstellung: Kontext, Lemsel

Winter.

DER WINTER IST GEKOMMEN

Volksweise

Der Winter ist gekommen
und hat hinweggenommen
der Erde grünes Kleid;
Schnee liegt auf Blütenkeimen,
kein Blatt ist auf den Bäumen,
erstarrt die Flüsse weit und breit.

Da schallen plötzlich Klänge
und frohe Festgesänge
hell durch die Winternacht;
in Hütten und Palästen
ist rings in grünen Ästen
ein bunter Frühling aufgemacht.

Wie gern doch seh ich glänzen
mit all den reichen Kränzen
den grünen Weihnachtsbaum;
dazu der Kindlein Mienen
von Licht und Lust beschienen;
wohl schönere Freude gibt es kaum.

DER GOLDENE SCHLÜSSEL

Brüder Grimm

Zur Winterszeit, als einmal ein tiefer Schnee lag, musste ein armer Junge hinausgehen und Holz auf einem Schlitten holen.

Wie er es nun zusammengesucht und aufgeladen hatte, wollte er, weil er so erfroren war, noch nicht nach Hause gehen, sondern erst Feuer anmachen und sich ein bisschen wärmen. Da scharrte er den Schnee weg, und wie er so den Erdboden aufräumte, fand er einen kleinen goldenen Schlüssel.

Nun glaubte er, wo der Schlüssel wäre, müsste auch das Schloss dazu sein, grub in der Erde und fand ein eisernes Kästchen. »Wenn der Schlüssel nur passt!« dachte er, »es sind gewiss kostbare Sachen in dem Kästchen.« Er suchte, aber es war kein Schlüsselloch da; endlich entdeckte er eines, aber so klein, dass man es kaum sehen konnte. Er probierte, und der Schlüssel passte glücklich. Da drehte er einmal herum, und nun müssen wir warten, bis er vollends aufgeschlossen und den Deckel aufgemacht hat, dann werden wir erfahren, was für wunderbare Sachen in dem Kästchen lagen.

EIN WINTERABEND

Georg Trakl

Wenn der Schnee ans Fenster fällt,
Lang die Abendglocke läutet,
Vielen ist der Tisch bereitet
Und das Haus ist wohlbestellt.

Mancher auf der Wanderschaft
Kommt ans Tor auf dunklen Pfaden.
Golden blüht der Baum der Gnaden
Aus der Erde kühlem Saft.

Wanderer tritt still herein;
Schmerz versteinerte die Schwelle.
Da erglänzt in reiner Helle
Auf dem Tische Brot und Wein.

DER NIKLO

Peter Rosegger

*S*ankt Nikolaus war ein Bischof, wie es deren
wenige gibt. Da ist er in den Winterabenden durch
die finsteren Gassen gegangen und hat den Leuten zu
den Fenstern hineingeguckt, was sie machen und was
sie haben.

Und wo die Armut und die Tugend daheim, da warf er
ein Goldstück durch das Fenster.

Sankt Nikolaus wandelt noch heute durch die Welt, er
wirft manches Goldstück in die Wohnungen der Armen;
und wer noch klein ist und im Berglande der Steiermark
wohnt, der kann ihn wohl auch einmal sehen, den heiligen Mann im Ornat, mit Stab und Bischofsmütze, denn
der »Niklo«, wie ihn die Städter aus Gebäck und Tannenzapfen haben, zieht draußen auf dem Lande wahrhaftig
herum in Fleisch und Blut! Mit den Großen macht er
sich nicht viel zu schaffen, er ist ganz Kinderfreund.
Gleichwohl ist aus der schönen Sitte ein Zerrbild geworden.

Am Nikolausabend (5. Dezember), da wird der Niklo
sichtbar und geht in die Häuser und frägt nach den Kindern, ob sie brav sind, fleißig beten und etwas lernen.
Diese haben den Besuch wohl erwartet und sind schon
seit einigen Tagen her bestrebt gewesen, ihre Tugenden
in das günstigste Licht zu stellen; besonders kommen in
der Nikolauswoche unter den Kleinen auffällig wenig
Händel vor und Kleider und Bücher oder Geräte werden

verhältnismäßig sehr geschont. Es geschieht das aus wichtigen Gründen, denn der Niklo, wenn er kommt, hat nicht bloß rote Äpfel, goldene Nüsse, verzuckerte Zwetschken usw. bei sich, sondern auch einen schwarzen, sehr verdächtigen Begleiter: den »Bartl«, der wie der Teufel aussieht und von dem man nicht weiß, wie der heilige Bischof mit ihm so freundlich sein mag.

So kommen sie beide am Abende, wenn der Span schon angezündet ist. Der Niklo, der ein ehrwürdiger Mann mit schneeweißen Haaren und Bart ist, geht voran und sagt:

> »Da Niklo, da Niklo und da Bartl is do.
> Und mir schaun,
> wo die Kina recht brav sein und wos kinna
> (etwas können);
> Die Bravn, die kriagn roti Äpfelein,
> Die Schlimmen, de foßn mar in die Butten ein!«

Und siehe, da tritt auch schon der Bartl hervor, der hat einen Pelz an und ist kohlschwarz im Gesicht, bis auf die rote Zunge, die heraushängt. Hörner trägt er auch und auf dem Rücken hat er die Butte und eine klirrende Kette!

Da müssen nun die Kinder laut beten oder etwas Gelerntes aufsagen. Der Bartl muß gewöhnlich unverrichteter Dinge abziehen, denn fängt die Sache auch wirklich an, bedenklich zu werden, so führt stets die Mutter ausgleichende Einsprache und die Sache ist geschlichtet. Aber des Bachbauers Hanserl hatte keine Mutter gehabt, die für ihn ein gutes Wort eingelegt hätte, er war ein Waisenknabe, und als der Bartl an dem Knaben seinen Mutwillen ausübte, entsetzte sich dieser so sehr, dass er die Fraisen bekam, und noch heute, nachdem er alt geworden, trägt er die Furcht des Nikolausabends mit sich herum – die fallende Sucht!

Da ist's dem Lechnerbuben glücklicher geraten, der hat den unheimlichen Gesellen, welcher mit dem Niklo gekommen, bei den Hörnern gepackt und ihm dieselben mitsamt der Maske herabgerissen, daß nichts übriggeblieben, als das gutmütige Antlitz des alten Einlegers.

Wenn nun der Niklo und der Bartl wieder fort sind, ist den Kleinen ein Stein vom Herzen und sie wagen wohl gar im geheimen die Bemerkung zu machen, daß der Niklo geradeso eine Warze auf der Nase gehabt, wie der

Ochsenknecht. Doch gibt dies keinen Anlaß zu irgendeinem Zweifel an der Heiligkeit des Niklo und es wird im Laufe des ganzen übrigen Abends noch die strengste Sittsamkeit beobachtet.

Just vor dem Schlafengehen werden von jedem die kleinen Schuhe oder eine Kopfbedeckung an das Fenster gestellt, denn der Niklo geht nun in der Nacht zu allen Häusern, und weil er es den Schuhen oder Hüten ansieht, ob deren Eigentümer brav oder schlimm sind – füllt er dieselben je im Verhältnis mit Obst, Lebzelten oder wohl auch mit Steinen und Tannenzapfen und legt obendrein noch eine zierliche geflochtene Birkenrute bei.

Das geht nun für die Kleinen, solange sie daran glauben, was nicht selten über das Kindesalter hinaus geschieht.

Ich habe in meinem zehnten Jahre noch die Schuhe an das Fenster gestellt und war stets voll des frommen Preises für den heiligen Bischof Nikolaus, wenn ich meine Schuhe vollgepfropft fand mit Süßigkeiten.

Ich hätte wahrscheinlich noch länger an den Niklo geglaubt, wenn sie mir geglaubt hätten, dass ich noch an ihn glaubte. – Die Schuhe sind aber endlich leer geblieben.

DER WINTER, DER IST DA!

Heinrich Hoffmann von Fallersleben

A, a, a! Der Winter, der ist da!
Herbst und Sommer sind vergangen,
Winter, der hat angefangen.
A, a, a! Der Winter, der ist da!

E, e, e, nun gibt es Eis und Schnee.
Blumen blühn an Fensterscheiben,
sind sonst nirgends aufzutreiben.
E, e, e, nun gibt es Eis und Schnee.

O, o, o, wie sind wir alle froh,
wenn der Niklaus wird was bringen
und vorm Tannenbaum wir singen.
O, o, o, wie sind wir alle froh!

DER WINTERABEND
Heinrich Hoffmann von Fallersleben

Der Winterabend, das ist die Zeit
der Arbeit und der Fröhlichkeit.
Wenn die andern nähen, stricken und spinnen.
dann müssen wir Kinder auch was beginnen;
wir dürfen nicht müßig sitzen und ruhn,
wir haben auch unser Teil zu tun.
Wir müssen zu morgen uns vorbereiten
und vollenden unsere Schularbeiten.
Und sind wir fertig mit Lesen und Schreiben,
dann können wir unsere Kurzweil treiben.
Und ist der Abend auch noch so lang,
wir kürzen ihn mit Spiel und Gesang.
Und wer dann ein hübsches Rätsel kann,
der sagt's, und wir fangen zu raten an.

DER STRIZELMARKT
Wilhelm von Kügelgen

So arbeiteten und spielten wir uns in den Spät-
herbst und Winter hinein, bis die Weihnachtszeit
sich mit ihrem wunderbaren Treiben nahte und auch
unsere Beschäftigungen mit dem Stempel des Geheim-

nisses bezeichnete. Das gemeinschaftliche Spielen hatte nun ein Ende, jeder kramte und kleisterte nur für sich, und keiner durfte hinsehen, was der andere machte. Zu letzterem verpflichtete man sich durch Eide, die sehr leicht zu halten waren, da jeder genugsam von seinem eigenen Werk erfüllt, wenig Neigung hatte, von dem anderen Notiz zu nehmen oder etwas davon zu erwarten. Auch mag sich der alte Satz, daß Geben seliger als Nehmen sei, am meisten in den gegenseitigen Geschenken bewahrheiten, die sich Kinder machen, deren Gaben, außer dem sogenannten pretium affectionis, was jedoch nur der Geber damit verbindet, nicht den geringsten Wert zu haben pflegen, wie denn auch der Empfänger immer sicher ist, dass jener sich das Ding gewißlich nicht vom Herzen gerissen hat, sondern selber nicht gebrauchen konnte.

Wo nun die eigene Kunstfertigkeit nicht ausreichte oder es an Material fehlte, kauften wir das fehlende auf dem Weihnachtsmarkt, der in Dresden nach einem eigentümlichen Backwerke der Strizelmarkt genannt wird. Acht Tage vor dem Fest pflegte sich der Dresdener Altmarkt mit einem ganzen Gewimmel höchst interessanter Buden zu bedecken, die abends erleuchtet waren und große Augenlust gewährten. Das Glitzern der mit Rauschgold, mit bunten Papierschnitzeln und goldenen Früchten dekorierten Weihnachtsbäume, die hellerleuchteten kleinen Krippen mit dem Christuskinde, die gespenstischen Knechte Ruprechts, die Schornsteinfeger von gebackenen Pflaumen, die eigentümlich weihnachtlichen Wachsstockpyramiden in allen Größen, endlich das Gewühl der Käufer und höfliche Locken der Verkäufer, das alles regte festlich auf. Hier drängten auch wir uns des Abends gar zu gern umher, schwelgend in dem ahnungsreichen Dufte der Tannen, der Wachsstöcke, Pfefferkuchen und Strizeln, die in einer den Wickelkindern entlehnten Gestalt, reichlich mit Zucker bestreut, vor allen zahlreichen Bäckerbuden auslagen und Löwenappetit erregten. Nach genauester Prüfung alles Vorhandenen kauften wir dann einige kleine grüne oder rote Wachsstockpyramiden auf Kartenblätter gewickelt, das Stück zu einem Pfennig, sogenannten Pfefferkuchenzungen zu demselben Preis, oder ein paar Bogen bunten Papiers, um unsere Privatbescherung damit auszustatten.

Inzwischen konnten wir in unserm Eifer den vom Kalender angegebenen Zeitpunkt nie ganz erwarten und fingen schon an vorhergehenden Abenden an, in Alköven oder anderen verdachtlosen Winkeln unserer Kram geschmacklos aufzustellen, zündeten einige Wachsstockschnittchen dabei an und überraschten uns dann gegenseitig unaufhörlich, bis der wahre Heilige Abend herankam und uns alle überraschte.

In dem geräumigen Wohnzimmer meiner Mutter stand ein schönes Bild, das, auf einigen Stufen erhöht, den mittleren Teil der Hauptwand fast bis zur Decke füllte. Es war dies eine Kopie des berühmten Dresdener Raphael, die mein Vater unlängst vollendet und der Mutter geschenkt hatte. Die Kopie wurde damals dem Originale gleichgestellt. Es schien dasselbe, nur ohne die Mängel, welche Zeit und frühere Verwahrlosung hinzugetan hatten. Große Summen waren schon vor der Vollendung dafür geboten worden, allein mein Vater wollte sich nicht davon trennen; es sollte das Palladium seines Hau-

Caspar Mops aus Chemnitz.

ses werden, und unter dem himmelreinen Auge dieser Mutter Gottes sollten seine Kinder heranwachsen. Auch knüpften sich sehr selige Kindererinnerungen an dieses Bild, unter dem wir saßen, und das ich anzublicken pflegte, wenn die Mutter am Sonntagmorgen aus der Heiligen Schrift vorlas und uns aufmerken lehrte auf die Worte unseres Erlösers. Seinen vollen Zauber entfaltete es indessen erst am Weihnachtsabend, wenn die vielen Kerzen brannten und das magisch beleuchtete, wie von innerm Licht durchglühte Bild zu leben schien. Dieses herrlichen Anblicks erfreuten wir uns zuerst im Jahre 1809, da Volkmanns und Senff den ersten Weihnachten mit uns verfeierten. Die ganze kleine Gesellschaft schien die Augen nicht wieder abwenden zu wollen, und fast hätte es notgetan, uns Kinder zu erinnern, daß es heute noch andere Interessen für uns gäbe.

Unterdessen wir uns nun unseren Tischen nahten und die Herrlichkeiten in Augenschein nahmen, mit denen man uns beschenkt hatte, wurde Senff vermißt. Man hörte aber, daß er gebeten hatte, ihm nicht zu folgen, und siehe da! – als die Kerzen des Lichterbaumes im Ersterben waren – da flogen plötzlich die Flügeltüren auseinander, und ein Lichtmeer strahlte uns entgegen. Senff hatte den Fußboden des großen Vorsaales dicht besetzt mit hunderten von kleinen Lampen, die er aus Nußschalen gebildet und zu einem riesigen Halbmond vereinigt hatte. In die Höhlung dieses Türkensterns, der wie Pontius ins Credo in unseren Weihnachtsabend paßte, hatte er die kunstvoll gefertigten Geschenke aufgestellt, die er für uns Kinder gearbeitet hatte: für mich einen Prachtschild mit silbernem Adler, für Alfred einen nicht minder schönen Löwenschild. Der Effekt des Ganzen war sehr überraschend, doch noch nicht genügend für Senffs Erfindungsgabe.

Als man sich satt gesehen, schlug der ideenreiche Künstler der Gesellschaft vor, ihm nach dem Hinterhause zu folgen. Dort befand sich ein zweiter Vorsaal, der zu den Gemächern meines Vaters führte, und hier hatte Senff auf der Diele aus kleinen von Papier gemachten Häusern, Palästen und Moscheen die Stadt Konstantinopel aufgebaut. Man konnte nichts Saubereres sehen, als diese Papierstadt. Dichtgestreuter weißer Sand bezeichnete das Land, blauer das Meer, das von kleinen Schiffen belebt war. –

Nachdem nun Senff eine skizzenhafte Erklärung der hervorragendsten Punkte gegeben, bemerkte er, daß Konstantinopel häufig abzubrennen pflege, und damit legte er einen Zunder unter das erste Haus der Vorstadt Pera. Bald brach die Flamme aus, ergriff das nächste Gebäude und die ganze Straße, verzweigte sich nach anderen Straßen, sprang in die Brunnen, die mit Spiritus gefüllt waren, und verbreitete sich über die ganze Stadt. Zuletzt wurde das Serail ergriffen, dessen zahlreiche Türmchen als Miniatur-Feuerwerk aufsprühten, die Vorstellung mit Knalleffekt beschließend.

WEIHNACHTSMARKT
Gottfried Keller

Welch lustiger Wald um das hohe Schloß
Hat sich zusammengefunden,
Ein grünes bewegliches Nadelgehölz,
Von keiner Wurzel gebunden!

Anstatt der warmen Sonne scheint
Das Rauschgold durch die Wipfel;
Hier backt man Kuchen, dort brät man Wurst,
Das Räuchlein zieht um die Gipfel.

Es ist ein fröhliches Leben im Wald,
Das Volk erfüllet die Räume;
Die nie mit Tränen ein Reis gepflanzt,
Die fällen am frohsten die Bäume.

Der eine kauft ein bescheidnes Gewächs
Zu überreichen Geschenken,
Der andre einen gewaltigen Strauch,
Drei Nüsse daran zu henken.

Dort feilscht um ein winziges Kieferlein
Ein Weib mit scharfen Waffen;
Der dünne Silberling soll zugleich
Den Baum und die Früchte verschaffen.

Mit rosiger Nase schleppt der Lakai
Die schwere Tanne von hinnen;
Das Zöfchen trägt ein Leiterchen nach,
Zu ersteigen die grünen Zinnen.

Und kommt die Nacht, so singt der Wald
Und wiegt sich im Gaslichtscheine;
Bang führt die ärmste Mutter ihr Kind
Vorüber dem Zauberhaine.

Einst sah ich einen Weihnachtsbaum:
Im düstern Bergesbanne
Stand reifbezuckert auf dem Grat
Die alte Wettertanne.

Und zwischen den Ästen waren schön
Die Sterne aufgegangen;
Am untersten Ast sah man entsetzt
Die alte Wendel hangen.

Hell schien der Mond ihr ins Gesicht,
Das festlich still verkläret;
Weil auf der Welt sie nichts besaß,
Hatt' sie sich selbst bescheret.

DER BRATAPFEL

Aus dem bayrischen Lesebuch

Kinder, kommt und ratet,
was im Ofen bratet!
Hört, wie's knallt und zischt.
Bald wird er aufgetischt,
der Zipfel, der Zapfel,
der Kipfel, der Kapfel,
der gelbrote Apfel.

Kinder, lauft schneller,
holt einen Teller,
holt eine Gabel!
Sperrt auf den Schnabel
für den Zipfel, den Zapfel,
denKipfel, den Kapfel,
den goldbraunen Apfel!

Sie pusten und prusten,
sie gucken und schlucken,
sie schnalzen und schmecken,
sie lecken und schlecken,
den Zipfel, den Zapfel,
den Kipfel, den Kapfel,
den knusprigen Apfel.

WEIHNACHTSKRIPPEN

Gustav Freytag

*V*iele Wochen vor Weihnachten sind die Knaben in emsiger Tätigkeit, denn als ein Hauptschmuck des Festes wird nach Landesbrauch das Krippel aufgestellt, mit Maria und Joseph, den Heiligen Drei Königen, den anbetenden Hirten mit ihren Schafen und darüber der glitzernde Stern und Engel, welche auf einem Papierstreifen die Worte halten: »Gloria in excelsis«. Die Figuren kauften die Kleinen auf Bilderbogen, schnitten sie mit der Schere aus und klebten ein flaches Hölzlein mit Spitze dahinter, damit die Bilder in weicher Unterlage hafteten. Der Heiligen Familie aber, dem Ochsen und Eselein wurde ein Papphaus mit offener Vorderseite verfertigt, auf dem Dach Strohhalme in Reihen befestigt, der Stern war von Flittergold. Das Waldmoos zu dem Teppiche, in welchen die Figuren gesteckt wurden, durften wir aus dem Stadtwald holen, dorthin zog an einem hellen Wintertage die Mutter mit den Kindern, begleitet von einem Manne, der auf einer Radeber den Korb für das Moos fuhr. Es war zuweilen kalt, und die Schneekristalle hingen am Moose, aber mit heißem Sammeleifer wurden die Polster an den Waldrändern abgelöst und im Korbe geschichtet, daheim auf einem großen Tisch zusammengefügt und an zwei Ecken zu kleinen Bergen erhöht. In der Mitte des Hintergrundes stand die Hütte, über ihr schwebte an feinem Drahte der Stern, auf den beiden Seiten hatten die

Hirten und Herden mit den Engeln zu verweilen. Die ganze Figurenpracht wurde durch kleine Wachslichter erleuchtet, welche am Weihnachtsabend zum erstenmal angesteckt wurden.

Wenn die Lichter brannten und die Engel sich bei leichter Berührung wie lebendig bewegten, dann hatten die Kinder zum erstenmal das selige Gefühl, etwas Schönes verfertigt zu haben. Während des Festes wurden dann ähnliche Arbeiten kleiner und erwachsener Künstler besehen, denn fast in jedem Haushalt stand ein Krippel, und mancher wackere Bürger benutzte seine Werkstatt, um dasselbe durch mechanische Erfindungen zu verschönen; man sah auf den Bergen große Windmühlen, deren Flügel durch rollenden Sand eine Zeitlang getrieben wurden, oder ein Bergwerk mit Grubeneinfahrt, in welchem Eimer auf und ab gingen, und häufig stand ganz im Vordergrund ein schwarz und weiß gestrichenes Schilderhaus mit rotem Dach und davor die preußische Schildwache. Aber diese Zusätze waren dem Knaben niemals nach dem Herzen, er hatte die dunkle Empfindung, daß sie sich mit den Engeln und den Heiligen Drei Königen nicht recht vertragen wollten.

MACHT HOCH DIE TÜR

Georg Weissel

Macht hoch die Tür, die Tor' macht weit:
Es kommt der Herr der Herrlichkeit,
Ein König aller Königreich',
Ein Heiland aller Welt zugleich,
Der Heil und Leben mit sich bringt;
Derhalben jauchzt, mit Freuden singt:
Gelobet sei mein Gott, mein Schöpfer, reich von Rat!

Er ist gerecht, ein Helfer wert,
Sanftmütigkeit ist sein Gefährt,
Sein' Königskron' ist Heiligkeit,
Sein Zepter ist Barmherzigkeit;
All unser Not zum End' er bringt,
Derhalben jauchzt, mit Freuden singt:
Gelobet sei mein Gott, mein Heiland groß von Tat!

O wohl dem Land, o wohl der Stadt,
So diesen König bei sich hat!
Wohl allen Herzen insgemein,
Da dieser König ziehet ein!
Er ist die rechte Freudensonn',
Bringt mit sich lauter Freud und Wonn'-
Gelobet sei mein Gott, mein Tröster früh und spat!

Macht hoch die Tür, die Tor' macht weit,
Eu'r Herz zum Tempel zubereit't;
Die Zweiglein der Gottseligkeit

Steckt auf mit Andacht, Lust und Freud;
So kommt der König auch zu euch,
Ja Heil und Leben mit zugleich.
Gelobet sei mein Gott, voll Rat, voll Tat, voll Gnad!

Komm, o mein Heiland, Jesu Christ,
Mein's Herzens Tür dir offen ist;
Ach zeuch mit deiner Gnaden ein,
Dein' Freundlichkeit auch uns erschein'.
Dein heil'ger Geist uns führ' und leit'
Den Weg zur ew'gen Seligkeit.
Dem Namen dein, o Herr, sei ewig Preis und Ehr!

DER TANNENBAUM
Christian Morgenstern

Im Walde wuchs ein Tannenbaum
mit schönem Nadelkleid.
Er steht so stolz und grüßt so grün
in Lenz und Winterzeit.

Da kam sein Freund, der Wirbelwind,
umarmt und hüllt ihn ein,
singt ihm ein Lind: su – su, mein Baum,
erfrier nicht – su – schlaf ein.

Grau Häschen, hinterm Baum versteckt,
voll Angst, macht sich ganz klein,
der Wolf springt listig durch den Wald –
fort läuft das Häselein.

WENN ES WINTER WIRD

Christian Morgenstern

Der See hat eine Haut bekommen,
Sodass man fast drauf gehen kann,
Und kommt ein großer Fisch geschwommen,
So stößt er mit der Nase an.

Und nimmst du einen Kieselstein
Und wirfst ihn drauf, so macht es klirr
Und titscher - titscher - titscher - dirr ...
Heißa, du lustiger Kieselstein!
Er zwitschert wie ein Vögelein
Und tut als wie ein Schwälblein fliegen -
Doch endlich bleibt mein Kieselstein
Ganz weit, ganz weit auf dem See draußen liegen.

Da kommen die Fische haufenweis
Und schaun durch das klare Fenster von Eis
Und denken, der Stein wär etwas zum Essen;

Doch sosehr sie die Nase ans Eis auch pressen,
Das Eis ist zu dick, das Eis ist zu alt,
sie machen sich nur die Nasen kalt.

Aber bald, aber bald
Werden wir selbst auf eigenen Sohlen
Hinausgehn können und den Stein wieder holen.

DIE STERNTALER

Brüder Grimm

*E*s war einmal ein kleines Mädchen, dem waren Vater und Mutter gestorben, und es war so arm, dass es kein Kämmerchen mehr hatte, darin zu schlafen, und endlich gar nichts mehr als die Kleider auf dem Leib und ein Stückchen Brot in der Hand, das ihm ein mitleidiges Herz geschenkt hatte. Es war aber gut und fromm. Und weil es so von aller Welt verlassen war, ging es im Vertrauen auf den lieben Gott hinaus ins Feld.

Da begegnete ihm ein armer Mann, der sprach: »Ach, gib mir etwas zu essen, ich bin so hungrig.« Es reichte ihm das ganze Stückchen Brot und sagte: »Gott segne dir's«, und ging weiter.

Da kam ein Kind, das jammerte und sprach: »Es friert mich so an meinem Kopf, schenk mir etwas, womit ich mich bedecken kann.« Da tat es seine Mütze ab und gab sie ihm.

Und als es noch eine Weile gegangen war, kam wieder ein Kind und hatte kein Leibchen an und fror, da gab es ihm seins; und noch weiter, da bat eins um ein Röcklein, das gab es auch von sich hin.

Endlich gelangte es in einen Wald, und es war schon dunkel geworden, da kam noch eins und bat um ein Hemdlein, und das fromme Mädchen dachte: Es ist dunkle Nacht, da sieht dich niemand, da kannst du wohl dein Hemd weggeben, und es gab es auch noch hin.

Und wie es so stand und gar nichts mehr hatte, fielen auf einmal die Sterne vom Himmel und waren lauter harte, blanke Taler; und ob es gleich sein Hemdlein weggegeben, so hatte es ein neues an, und das war von allerfeinstem Linnen. Da sammelte es sich die Taler hinein und war reich für sein Lebtag.

WINTERMORGEN

Alexander Puschkin

Erst gestern war es, denkst du daran?
Es ging der Tag zur Neige.
Ein böser Schneesturm da begann
und brach die dürren Zweige.

Der Sturmwind blies die Sterne weg,
die Lichter, die wir lieben.
Vom Monde gar war nur ein Fleck,
ein gelber Schein geblieben.

Und jetzt? So schau doch nur hinaus:
Die Welt ertrinkt in Wonne.
Ein weißer Teppich liegt jetzt aus.
Es strahlt und lacht die Sonne.

Wohin du siehst: Ganz pudelweiß
geschmückt sind alle Felder.
Der Bach rauscht lustig unterm Eis.
Nur finster stehn die Wälder.

ES GIBT SO WUNDERWEIßE NÄCHTE
Rainer Maria Rilke

Es gibt so wunderweiße Nächte,
drin alle Dinge Silber sind.
Da schimmert mancher Stern so lind,
als ob er fromme Hirten brächte
zu einem neuen Jesuskind.

Weit wie mit dichtem Demantstaube
bestreut, erscheinen Flur und Flut,
und in die Herzen, traumgemut,
steigt ein kapellenloser Glaube,
der leise seine Wunder tut.

ADVENT
Rainer Maria Rilke

Es treibt der Wind im Winterwalde
die Flockenherde wie ein Hirt,
und manche Tanne ahnt, wie balde
sie fromm und lichterheilig wird;
und lauscht hinaus. Den weißen Wegen
streckt sie die Zweige hin – bereit,
und wehrt dem Wind und wächst entgegen
der einen Nacht der Herrlichkeit.

DER ERSTE CHRISTBAUM
BEI DEN WALDBAUERN

Peter Rosegger

*E*s waren die ersten Weihnachtsferien meiner Studien-
zeit. Wochenlang hatte ich schon die Tage, endlich
die Stunden gezählt bis zum Morgen der Heimfahrt von
Graz ins Alpel. Und als der Tag kam, da stürmte und stöberte es, dass mein Eisenbahnzug steckenblieb. Da stieg ich
aus und ging zu Fuß, frisch und lustig, sechs Stunden lang
durch das Tal, wo der Frost mir Nase und Ohren abschnitt,
dass ich sie gar nicht mehr spürte. Durch den Bergwald
hinauf, wo mir so warm wurde, dass die Ohren auf einmal
wieder da waren und heißer als je im Sommer.

So kam ich, als es schon dämmerte, glücklich hinauf, wo
das alte Haus, schimmernd durch Gestöber und Nebel,
wie ein verschwommener Fleck stand, einsam mitten in
der Schneewüste. Als ich eintrat, wie war die Stube so
klein und niedrig und dunkel und warm – urheimlich. In
den Stadthäusern verliert man ja allen Maßstab für ein
Waldbauernhaus. Aber man findet sich gleich hinein,
wenn die Mutter den Ankömmling ohne alle Umstände
so grüßt: »Na, weil d'nur da bist!«

Auf dem offenen Steinherd prasselte das Feuer, in der guten
Stube wurde eine Kerze angezündet. »Mutter, nit!« wehrte
ich ab, »tut lieber ein Spanlicht anzünden, das ist schöner.«
Sie tat's aber nicht. Das Kienspanlicht ist für die Werk-
tage. Weil nach langer Abwesenheit der Sohn heimkam,

war für die Mutter Feiertag geworden. Darum die festliche Kerze.

Als die Augen sich an das Halblicht gewöhnt hatten, sah ich auch das Nickerl, das achtjährige Brüderlein. Es war das jüngste und letzte. »Ausschauen tust gut!« lobte die Mutter meine vom Gestöber geröteten Wangen.

Der kleine Nickerl aber sah blass aus. »Du hast ja die Stadtfarbe, statt meiner!« sagte ich, und habe gelacht. Die Sache war so. Der Kleine tat husten, den halben Winter schon. Und da war eine alte Hausmagd, die sagte es täglich wenigstens dreimal, dass für ein »hustendes Leut« nichts schlechter sei als »der kalte Luft«. Sie verbot es, dass der Kleine hinaus vor die Tür ging. Ich glaube, deshalb war er so blass, und nicht des Hustens halber.

In der dem Christfest vorhergehenden Nacht schlief ich wenig – etwas Seltenes in jenen Jahren. Die Mutter hatte mir auf dem Herde ein Bett gemacht mit der Weisung, die Beine nicht zu weit auszustrecken, sonst kämen sie in die Feuergrube, wo die Kohlen glosten. Die glosenden Kohlen waren gemütlich, das knisterte in der stillfinsteren Nacht so hübsch und warf einen goldenen Glutschein an die Wand, wo in einem Gestelle die buntbemalten Schüsseln lehnten. Da war ein Anliegen, über das ich schlüssig werden musste in dieser Nacht, ehe die Mutter an den Herd trat, die Morgensuppe zu kochen. Ich hatte viel sprechen gehört davon, wie man in den Städten Weihnachten feiert. Da sollen sie ein Fichtenbäumchen, ein wirkliches kleines Bäumchen aus dem Wald auf den Tisch stellen, an seinen Zweigen Kerzlein befestigen, sie anzünden, darunter sogar Geschenke für die Kinder hinlegen und sagen, das Christkind hätte es gebracht.

33

Nun hatte ich vor, meinem kleinen Bruder, dem Nickerl, einen Christbaum zu errichten. Aber alles im Geheimen, das gehört dazu. Nachdem es soweit taglicht geworden war, ging ich in den frostigen Nebel hinaus. Und just dieser Nebel schützte mich vor den Blicken der ums Haus herum arbeitenden Leute, als ich vom Walde her mit einem Fichtenwipfelchen gegen die Wagenhütte lief. Dann ward es Abend. Die Gesindeleute waren noch in den Ställen beschäftigt oder in den Kammern, wo sie sich nach der Sitte des Heiligen Abends die Köpfe wuschen und ihr Festgewand herrichteten. Die Mutter in der Küche buk die Christtagskrapfen, und der Vater mit dem kleinen Nickerl besegnete den Hof. Hatte nämlich der Vater in einem Gefäß glühende Kohlen, hatte auf dieselben Weihrauch gestreut und ging damit durch alle Räume des Hofes, um sie zu beräuchern und dabei schweigend zu beten. Es sollten böse Geister vertrieben und gute ins Haus gesegnet werden.

Dieweilen also die Leute draußen zu tun hatten, bereitete ich in der großen Stube den Christbaum. Das Bäumchen, das im Scheite stak, stellte ich auf den Tisch. Dann schnitt ich vom Wachsstock zehn oder zwölf Kerzchen und klebte sie an die Ästlein. Unterhalb, am Fuße des Bäumchens, legte ich einen Wecken hin. Da hörte ich über der Stube auf dem Dachboden auch schon Tritte – langsame und trippelnde. Sie waren schon da und segneten den Bodenraum. Bald würden sie in der Stube sein, mit der wir den Rauchgang zu beschließen pflegen. Ich zündete die Kerzen an und versteckte mich hinter dem Ofen.

Die Tür ging auf, sie traten herein mit ihren Weihgefäßen und standen still. »Was ist denn das?« sagte der

Vater mit leiser, langgezogener Stimme. Der Kleine starrte sprachlos drein. In seinen großen, runden Augen spiegelten sich wie Sternlein die Christbaumlichter. – Der Vater schritt langsam zur Küchentür und flüsterte hinaus: »Mutter, Mutter! Komm ein wenig herein.« Und als sie da war: »Mutter, hast du das gemacht?«

»Maria und Josef!« hauchte die Mutter, »was lauter habens denn da auf den Tisch getan?« Bald kamen auch die Knechte und die Mägde herbei, hell erschrocken über die seltsame Erscheinung. Da vermutete einer, ein Junge, der aus dem Tal war: Es könnte ein Christbaum sein …

Sollte es denn wirklich wahr sein, dass Engel solche Bäumlein vom Himmel bringen? – Sie schauten und staunten. Und aus des Vaters Gefäß qualmte der Weihrauch und erfüllte schon die ganze Stube, so dass es war wie ein zarter Schleier, der sich über das brennende Bäumchen legte.

Die Mutter suchte mit den Augen in der Stube herum: »Wo ist denn der Peter?«

Da erachtete ich es an der Zeit, aus dem Ofenwinkel hervorzutreten. Den kleinen Nickerl, der immer noch sprachlos und unbeweglich war, nahm ich an den kühlen Händchen und führte ihn vor den Tisch. Fast sträubte er sich, aber ich sagte – selber tief feierlich gestimmt – zu ihm: »Tu dich nicht fürchten, Brüderl! Schau, das liebe Christkind hat dir einen Christbaum gebracht. Der ist dein.«

Und da hub der Kleine an zu wiehern vor Freude und Rührung, und die Hände hielt er gefaltet wie in der Kirche.

Öfter als vierzigmal seither habe ich den Christbaum erlebt, mit mächtigem Glanz, mit reichen Gaben und freudigem Jubel unter Großen und Kleinen. Aber größere Christbaumfreude, ja eine so helle Freude hab ich noch nicht gesehen, als jene meines kleinen Brüderlein Nickerl – dem es so plötzlich und wundersam vor Augen trat –, ein Zeichen dessen, der da vom Himmel kam.

DES MESSIAS GEBURT
(Jesaja 9,2-7)
Nach Martin Luther

*D*as Volk, so im Finstern wandelt, siehet ein großes Licht, und über die da wohnen im finstern Lande, scheinet es helle.

Du machst der Heiden viel, damit machst du der Freuden nicht viel. Vor dir aber wird man sich freuen, wie man sich freuet in der Ernte; wie man fröhlich ist, wenn man Beute austheilet.

Denn du hast das Joch ihrer Last, und die Ruthe ihrer Schulter, und den Stecken ihres Treibers zerbrochen, wie zu der Zeit Midians.

Denn aller Krieg mit Ungestüm, und blutig Kleid wird verbrannt, und mit Feuer verzehret werden.

Denn uns ist ein Kind geboren, ein Sohn ist uns gegeben, welches Herrschaft ist auf seiner Schulter; und er heißt Wunderbar, Rath, Kraft, Held, Ewig-Vater, Friede-Fürst.

Auf daß seine Herrschaft groß werde, und des Friedens kein Ende, auf dem Stuhl Davids, und seinem Königreich; daß er es zurichte und stärke mit Gericht und Gerechtigkeit von nun an bis in Ewigkeit. Solches wird thun der Eifer des Herrn Zebaoth.

ALTES KAMINSTÜCK

Heinrich Heine

Draußen ziehen weiße Flocken
Durch die Nacht, der Sturm ist laut;
Hier im Stübchen ist es trocken,
Warm und einsam, stillvertraut.

Sinnend sitz ich auf dem Sessel,
An dem knisternden Kamin,
Kochend summt der Wasserkessel
Längst verklungne Melodien.

Und ein Kätzchen sitzt daneben,
Wärmt die Pfötchen an der Glut;
Und die Flammen schweben, weben,
Wundersam wird mir zu Mut.

Dämmernd kommt heraufgestiegen
Manche längst vergeßne Zeit,
Wie mit bunten Maskenzügen
Und verblichner Herrlichkeit.

Schöne Fraun, mit kluger Miene,
Winken süßgeheimnisvoll,
Und dazwischen Harlekine
Springen, lachen, lustigtoll.

Ferne grüßen Marmorgötter,
Traumhaft neben ihnen stehn

Märchenblumen, deren Blätter
In dem Mondenlichte wehn.

Wackelnd kommt herbeigeschwommen
Manches alte Zauberschloß;
Hintendrein geritten kommen
Blanke Ritter, Knappentroß.

Und das alles zieht vorüber,
Schattenhastig übereilt –
Ach! da kocht der Kessel über,
Und das nasse Kätzchen heult.

ES KOMMT EIN SCHIFF GELADEN ...
Daniel Sudermann

Es kommt ein Schiff geladen
bis an sein' höchsten Bord,
trägt Gottes Sohn voll Gnaden,
des Vaters ewigs Wort.

Das Schiff geht still im Triebe,
es trägt ein teure Last,
das Segel ist die Liebe,
der Heilig Geist der Mast.

Der Anker haft auf Erden,
da ist das Schiff am Land.

Das Wort soll Fleisch uns werden,
der Sohn ist uns gesandt.

Zu Bethlehem geboren
im Stall ein Kindelein,
gibt sich für uns verloren,
gelobet muß es sein.

Und wer dies Kind mit Freuden
umfangen, küssen will,
muß vorher mit ihm leiden
groß Pein und Marter viel,

darnach mit ihm auch sterben
und geistlich auferstehn,
ewigs Leben zu erben,
wie an ihm ist geschehn.

WEIHNACHTSVORBEREITUNG
IN DER PARKSTRAßE
Gustav Freytag

W eihnachten war nahe, und die Frauenwelt der
Parkstraße fuhr in geheimnisvoller Tätigkeit ein-
her. Der Verkehr mit guten Bekannten wurde unterbrochen, angefangene Bücher lagen im Winkel, Theater

und Konzertsaal wiesen leere Plätze, die Akkorde des Flügels und die neuen Bravourarien klangen selten in die rasselnden Wagen der Straße, innere Kämpfe wurden beschwichtigt, und böser Nachbarn ward wenig gedacht. Was eine Hausfrau oder Tochter zu leisten vermochte, das wurde auch in diesem Jahr auffällig. Vom Morgen bis zum Abend flogen kleine Finger zwischen Perlen, Wolle, Seide, Pinsel und Palette umher, der Tag wurde zu achtundvierzig Stunden ausgeweitet, selbst in den Minuten eines unruhigen Morgenschlummers arbeiteten dienstfertige Heimchen und andere unsichtbare Geister im Solde der Frauen. Je näher das Fest rückte, desto zahlreicher wurden die Geheimnisse, in jedem Schrank steckten Dinge, die niemand sehen sollte, von allen Seiten wurden Pakete in das Haus getragen, deren Berührung verpönt war. Aber während die Hausgenossen geheimnisvoll aneinander vorbeischlüpften, ist die Hausfrau stille Herrscherin in dem unsichtbaren Reich der Geschenke, Vertraute und kluge Ratgeberin aller. Sie kennt in dieser Zeit keine Ermüdung, sie denkt und sorgt für jedermann, die Welt ist ein großer Schrank geworden mit zahllosen Fächern, aus denen sie unablässig herausholt, in die sie Verhülltes nach weisem Plane einstaut. Wenn am Weihnachtsabend der Flitterstern blitzt, der Wachsstock träufelt und die goldene Kugel am Christbaum schimmert, da feiert die Phantasie der Kinder ihre große Stunde, aber die Poesie der Hausfrauen und Töchter füllt schon Monate vorher die Zimmer mit fröhlichem Glanz.

Wenn man das Urteil des Herrn Hummel als gemeingültig betrachten darf, ist leider auch den Männern, welche die

Ehre eines Hauses zu vertreten haben, die Begeisterung dieser Wochen nicht vollständig entwickelt. »Glauben Sie mir, Gabriel«, sagte Herr Hummel an einem Dezemberabend, während er einem Jungen nachblickte, der mit Brummteufeln umging, »in dieser Zeit verliert der Mann seine Bedeutung; er ist nichts als ein Geldspind, in dem sich der Schlüsselbart vom Morgen bis zum Abend dreht. Die beste Frau wird unverschämt und phantastisch, alles Familienvertrauen schwindet, eines geht scheu an dem andern vorüber, die Hausordnung wird mit Füßen getreten, die Nachtruhe gewissenlos ruiniert; wenn gegessen werden soll, läuft die Frau auf den Markt, wenn die Lampe ausgelöscht werden soll, fängt die Tochter eine neue Stickerei an. Und ist die lange Not ausgestanden, dann soll man sich gar noch freuen über neue Schlafschuhe, welche einen Zoll zu klein sind, und bei denen man später die grobe Schusterrechnung zu bezahlen hat, und über die Zigarrentasche von Perlen, die platt und hart ist, wie eine gedörrte Flunder. Endlich zu allerletzt, nachdem man goldene Funken gespuckt hat wie eine Rakete, fordern die Frauen noch, daß man auch ihnen selbst durch eine Schenkung sein Gemüt erweist. Nun, die meinigen habe ich mir gezogen.«

»Ich habe doch auch Sie selbst gesehen«, wandte Gabriel ein, »mit Paket und Schachtel unter dem Arm.«

»Dies ist wahr«, versetzte Hummel, »eine Schachtel ist unvermeidlich. Aber, Gabriel, das Denken habe ich mir abgeschafft. Denn das war das Niederträchtigste bei der Geschichte. Ich gehe jedes Jahr zu derselben Putzmacherin und sage: ›Eine Haube für Madame Hummel.‹ Und die Person sagt: ›Zu dienen, Herr Hummel‹, und die

Architektur steht reisefertig vor mir. Ich gehe ferner jedes Jahr zu demselben Kaufmann und sage: ›Ein Kleid für meine Tochter Laura, so und so teuer, ein Taler Spielraum nach oben und unten‹, und das Kleid liegt preiswürdig vor mir.

Im Vertrauen, ich habe den Verdacht, daß die Frauen hinter meine Schliche gekommen sind, und sich die Sachen vorher selbst aussuchen, denn es ist immer alles sehr nach ihrem Geschmack, während in früheren Jahren Widersetzlichkeit stattfand. Jetzt haben sie die Mühe, den Plunder auszuwählen, und am Abend müssen sie noch heucheln wie die Katzen, auseinanderfalten und anprobieren, sich erstaunt stellen und mein ausgezeichnetes Geschick loben. Das ist meine einzige Genugtuung bei dem ganzen Kindervergnügen. Aber sie ist dürftig, Gabriel.«

So knarrte mißtönend die Prosa des Hausherrn, doch die Parkstraße achtete wenig darauf, und sie wird solchen Sinn immer mit gebührender Mißachtung betrachten, solange süßer ist, für andere zu sorgen, als für sich selbst, und Freude zu machen seliger, als Freudiges zu empfangen.

Auch für Ilse wurde in diesem Jahr das Fest eine große Angelegenheit, sie trug wie eine Biene zusammen, und nicht nur für die Lieben in der Heimat. Denn auch in der Stadt hatten sich viele große und kleine Kinder an ihr Herz genestelt, von den fünf unmündigen Raschkes bis zu den kleinen Barfüßlern mit dem Suppentopf. Auch bei ihr wurden die Sofawinkel unheimlich für den Gatten, für Laura und den Doktor, wenn diese einmal unerwartet eintraten.

Als der Kammerherr einige Zeit vor dem Feste einen Besuch seines Prinzen bei dem neuen Rektor schicklich erachtete, fanden die Herren Ilse und Laura in eifriger Arbeit und den Salon der Frau Rektorin in eine große Marktbude verwandelt. Auf langem Tisch standen Weihnachtsbäumchen, und gefüllte Säcke lehnten ihren schwe-

ren Leib an die Tischbeine, die Frauen aber arbeiteten mit Elle und Schere, zerteilten große Wollzöpfe und wickelten Linnenstücke auseinander, wie Kaufleute. Als Ilse den Herren entgegentrat und ihre Umgebung entschuldigte, bat der Kammerherr dringend, sich nicht stören zu lassen. »Wir dürfen nur hierbleiben, wenn wir das Recht erhalten, uns nützlich zu machen.« Auch der Prinz sagte: »Ich bitte um die Erlaubnis zu helfen, wenn Sie etwas für mich zu tun haben.«

»Das ist freundlich«, versetzte Ilse, »denn bis zum Abend ist noch vieles zu verteilen. Erlauben Ew. Hoheit, daß ich Sie anstelle. Nehmen Sie den Sack mit Nüssen, Sie, Herr Kammerherr, haben die Güte, die Äpfel unter ihre Obhut zu nehmen, du, Felix, erhältst den Pfefferkuchen. Und ich bitte die Herren, kleine Häufchen zu machen, zu jedem zwanzig Nüsse, sechs Äpfel, ein Paket Kuchen.«

Die Herren gingen mit Feuer an die Arbeit. Der Prinz zählte gewissenhaft die Nüsse und ärgerte sich, daß sie immer wieder untereinander fuhren, machte aber die Erfindung, durch zusammengefaltete Papierstreifen die Portionen beisammenzuhalten; die Herren lachten und erzählten, wie sie sich einst in fremdem Lande die deutsche Festfreude verschafft hatten. Der Duft der Fichtennadeln und Äpfel erfüllte die Stube und zog wie eine Festahnung in die Seelen aller Anwesenden.

»Dürfen wir die gnädige Frau fragen, wem unsere angestrengte Tätigkeit zugute kommt?«, sagte der Kammerherr, »ich halte hier einen ungewöhnlich großen Apfel, durch den ich gern einen ihrer Lieblinge bevorzugen möchte. Jedenfalls tun wir, was armen Kindern Freude machen soll.«

»Zuletzt wohl«, versetzte Ilse, »aber das geht uns nichts an, wir geben schon heut ihren Müttern. Denn die größte Freude einer Mutter ist doch, ihren Kindern selbst einzubescheren, das Christbäumchen zu putzen und zu arbeiten, was die Kleinen gerade bedürfen. Diese Freude soll man ihr nicht nehmen, und deshalb wird ihnen der Stoff unverarbeitet geschenkt. Auch das Weihnachtsbäumchen kaufen sie am liebsten allein, jede nach ihrem Geschmack; die hier stehen, sind nur für solche Kinder, denen die Mutter fehlt. Und diese Bäumchen werden auch von uns ausgeputzt. Heut zum Feierabend wird alles aus dem Haus getragen, damit die Leutchen zu guter Zeit das ihre erhalten und sich danach einrichten.«

Der Prinz sah auf den Kammerherrn. »Würden Sie uns erlauben«, begann er zögernd, »auch etwas für die Bescherung zu kaufen?«

»Sehr gern«, erwiderte Ilse freudig. »Wenn Hoheit befehlen, kann unser Diener das sogleich besorgen. Er weiß Bescheid und ist zuverlässig.«

»Ich möchte selbst mit ihm gehen«, sagte der Prinz. Der Kammerherr hörte verwundert auf diesen Einfall seines jungen Herrn, da der Einfall aber löblich und nicht gegen die Instruktion war, so lächelte er respektvoll. Gabriel wurde gerufen. Der Prinz ergriff freudig seinen Hut. »Was wollen wir kaufen?«, fragte er aufbrechend.

»Kleine Wachsstöcke fehlen uns«, versetzte Ilse, »dann von Spielzeug Puppen, für die Knaben Bleisoldaten und für die Mädchen ein Kochgeschirr, aber alles hübsch handfest und sparsam.« Gabriel verließ mit einem großen Korbe hinter dem Prinzen das Haus.

»Sie haben gehört, was die gnädige Frau befohlen hat«, sagte der Prinz auf der Straße zu Gabriel. »Zuerst die Wachsstöcke, Sie suchen aus, und ich bezahle, wir sollen sparsam einkaufen, geben Sie Achtung, daß wir nicht betrogen werden.«

»Das haben wir nicht zu fürchten, Ew. Hoheit«, versetzte Gabriel tröstend. »Und wenn wir ja einmal einige Pfennige zuviel bezahlen, das kommt wieder andern Kindern zugute.«

Nach einer Stunde kehrte der Prinz zurück, Gabriel mit hochbeladenem Korb, auch der Prinz trug unter beiden Armen Puppen und große Tüten mit Naschwerk. Als der junge Herr so belastet eintrat, mit geröteten Wangen, selbst glücklich wie ein Kind, sah er so gut und liebenswert aus, dass sich alle über ihn freuten. Emsig packte er seine Schätze vor der Frau Professorin aus und schüttete zuletzt die Zuckertüten auf den Tisch.

Seine Befangenheit war verschwunden, er spielte in kindlichem Behagen mit den hübschen Dingen, wies den andern die kunstvolle Arbeit an Marzipanpflaumen, bat Laura, einen Tempelherrn aus Zucker für sich zu behalten, und wirtschaftete zierlich und behend um den Tisch, bis die andern ihm bewundernd zusahen und in seine Kinderscherze einstimmten. Als die Frauen den Ausputz der Fichtenbäumchen begannen, erklärte der Prinz, auch er werde dabei helfen. Er setzte sich vor die Untertasse mit Eiweiß, ließ sich die Handgriffe zeigen und wälzte die bestrichenen Früchte in Gold- und Silberplättchen. Ilse setzte als Preis für den Herrn, der am meisten und besten arbeiten würde, eine große Dame von Pfefferkuchen mit Reifrock und Glasaugen, und es entstand ein löblicher Wetteifer unter den Herren, die besten Stücke zu liefern. Der Professor und der Kammerherr wußten alte Kunstfertigkeit zu verwenden, der Prinz aber arbeitete als Neuling etwas liederlich, es blieben einzelne leere Stellen, und an andern bauschte das Schaumgold. Er war mit sich unzufrieden, aber Ilse ermunterte ihn: »Nur müssen Ew. Hoheit sparsamer mit dem Golde sein, sonst reichen wir nicht.« Zuletzt erhielt der Kammerher die Dame mit Reifrock, und der Prinz als außerordentliche Belohnung für seine Strebsamkeit ein Wickelkind, das aber auch durch zwei Glaskorallen in die Welt starrte.

Draußen auf dem Weihnachtsmarkt standen die kleinen Kinder um die Tannenbäumchen und Weihnachtsbuden und schauten ahnungsvoll und begehrlich auf die Schätze, und in Ilses Zimmer saßen die großen Kinder am Tische, spielend und glücklich; auch hier kam kein kluges Wort zutage, und der Prinz malte sich zuletzt mit Eiweiß die Umrisse eines Gesichtes auf die Handfläche und vergoldete sie mit den Metallblättchen.

Als der Erbprinz aufbrach, fragte der Professor: »Darf ich fragen, wo Ew. Hoheit den Weihnachtsabend verbringen?«

»Wir bleiben hier«, versetzte der Prinz.

»Da seltene Musikaufführungen in Aussicht stehen«, fügte der Kammerherr hinzu, »hat des Fürsten Hoheit auf die Freude verzichtet, den Prinzen zum Fest in seiner Nähe zu haben, wir werden also stille Weihnacht im Quartier halten.«

»Wir wagen nicht einzuladen«, fuhr der Professor fort, »falls aber Ew. Hoheit an diesem Abend nicht in anderer Gesellschaft verweilen, würde uns große Freude sein, wenn die Herren bei uns vorlieb nähmen.«

Ilse sah dankbar auf den Gatten, und der Prinz überließ nicht dem Kammerherrn die Antwort, sondern nahm mit Wärme die Einladung an.

ADVENT

Friedrich von Spee

O Heiland, reiß die Himmel auf,
Herab, herab vom Himmel lauf,
Reiß ab vom Himmel Tor und Tür
Reiß ab, wo Schloß und Riegel für!

O Gott, ein Tau vom Himmel gieß,
Im Tau herab, o Heiland fließ!
Ihr Wolken, brecht und regnet aus
Den König über Jakobs Haus.

O Erd, schlag aus, schlag aus, o Erd,
Daß Berg und Tal grün alles werd!
O Erd, herfür die Blümlein bring,
O Heiland, aus der Erden spring!

Wo bleibst du, Trost der ganzen Welt,
Darauf sie all ihr Hoffnung stellt?
O komm, o komm vom höchsten Saal,
Komm, tröst uns hier im Jammertal!

O klare Sonn, du schöner Stern,
Dich wollen wir anschauen gern;
O Sonn, geh auf, ohn' deinen Schein
In Finsternis wir alle sein!

Hier leiden wir die größte Not,
Vor Augen steht der ewige Tod;
Ach komm, führ uns mit starker Hand
Vom Elend zu dem Vaterland.

EIN FRÖHLICHES WEIHNACHTSKAPITEL
Charles Dickens

Weihnachten stand vor der Tür; ganz nahe war die Zeit der Geselligkeit und Gastlichkeit, des Frohsinns und der Freundschaft. Das alte Jahr rüstete sich, wie ein alter Philosoph seine Freunde um sich zu scharen und unter Gesang, Fröhlichkeit und Becherklang sanft und selig dahinzuscheiden. Es war eine muntere und fröhliche Zeit, und munter und fröhlich waren mindestens auch vier der zahlreichen Herzen, die die Ankunft der Weihnachtstage erwarteten.
Und in der Tat, zahlreich sind die Herzen, denen die Weihnachtszeit ein kurzes Glück und eine kurze Freude bringt. Wie viele Familien, deren Mitglieder während des ganzen Jahres hierhin und dorthin zerstreut waren,

sind dann vereint und finden einander in Wiedersehensfreude und Vertrautheit, die Quelle sind für ungetrübte Freuden und so unvereinbar mit den Kümmernissen der Welt, daß der religiöse Glaube sowohl der zivilisiertesten Nationen als auch der rohesten Wilden sie zu den vornehmsten und den Seligen vorbehaltenen Freuden des künftigen Lebens zählt. Wie viele süße Erinnerungen, wie viele schlummernde Sympathien vermag doch die Weihnachtszeit zu wecken!

Wir schreiben diese Worte viele Meilen von dem Ort entfernt, wo wir Jahr für Jahr einen munteren Freundeskreis trafen. Viele der Herzen, die damals so fröhlich schlugen, haben aufgehört zu schlagen; viele Gesichter, die einst so hell erstrahlten, strahlen nicht mehr; die Hände, die wir uns reichten, sind kalt geworden; die Augen, die wir suchten, haben ihren Glanz verloren, und doch drängen sich durch das Haus, das Zimmer, die fröhlichen Stimmen und die lachenden Gesichter, durch die Scherze und die Ausgelassenheit alljährlich von neuem all jene Kleinigkeiten und Nebensächlichkeiten in unsere Erinnerung, als wäre die letzte Zusammenkunft erst gestern gewesen. Glückliche, glückliche Weihnachtszeit, die uns zu den Träumen unserer Kindheit zurückgeleitet, dem Alten die Freuden seiner Jugend wieder ins Gedächtnis ruft und den Seemann oder den Reisenden über Tausende von Meilen hinweg an seinen Herd und in sein eigenes Heim zurückzuversetzen vermag!

Doch wir haben uns so in die Vorzüge des Weihnachtsabends verloren, daß wir in unverantwortlicher Weise Mr. Pickwick und seine Freunde draußen in der Kälte auf der Postkutsche nach Muggleton warten lassen, die sie soeben, gut eingewickelt in Mäntel, Schals und wollene Halstücher, bestiegen haben. Mantel- und Reisesäcke sind längst verstaut, und Sam Weller und der Kondukteur bemühen sich gerade, einen riesigen Kabeljau in einem noch riesigeren Korb in den vorderen Kutschkasten hineinzuzwängen. Er war bis zuletzt zurückgehalten worden, um ihn letztlich auf einem halben Dutzend Austertönnchen unterzubringen, die ebenfalls Mr. Pickwick gehören. Dieser verfolgt mit nicht geringem Interesse Sams und des Kondukteurs Kraftanstrengungen, denen der verstockte Kabeljau unüberwindlichen Widerstand entgegensetzt, bis er schließlich durch einen gezielten Schlag des Kondukteurs den Boden des Kutschkastens durchstößt, gefolgt von dessen Kopf und Schultern und zum Entzücken der Zuschauerschar vor dem Posthaus. Mr. Pickwick lächelt in bester Laune, holt einen Schilling aus der Westentasche und lädt den sich wieder hocharbeitenden Kondukteur ein, ein Glas Grog auf seine Gesundheit zu trinken. Der lächelt ebenfalls, desgleichen die Herren Tupman, Winkle und Snodgrass. Der Kondukteur und Weller verschwinden für ein paar Minuten – wahrscheinlich um ebendiesen Gesundheitstrunk zu sich zu nehmen, denn bei ihrer Rückkehr riechen sie stark nach Rum –, der Kutscher besteigt seinen Bock, Sam Weller springt hinten auf, die Pickwickier ziehen ihre Mäntel über die Knie und ihre Schals über die Nasen, die Knechte nehmen den Pferden die Decken ab, der Kutscher ruft: »Alles in Ordnung!«, und los geht die Fahrt.

Sie kamen rasch voran. Um drei Uhr nachmittags hielten sie vor dem Blauen Löwen in Muggleton. Mr.

Pickwick war damit beschäftigt, die Austertönnchen zu zählen und die Wiederausladung des Kabeljaus zu beaufsichtigen, als ihn jemand an seinen Rockschößen zupfte. Er blickte sich um und erkannte niemand anders als Mr. Wardles Lieblingspagen.

»Aha!« sagte Mr. Pickwick.

»Aha!« sagte der fette Knabe.

Und kaum hatte er »Aha!« gesagt, sah er auch schon die Austertönnchen und den Kabeljau und lächelte vergnügt. Er war fetter denn je, und seine Wangen glühten wie Pfingstrosen.

»Sie sehen aber äußerst gesund aus, mein lieber junger Freund«, bemerkte Mr. Pickwick.

»Ich habe gerade am Kaminfeuer im Schankzimmer ein Nickerchen gehalten«, erwiderte er, »der Herr hat mich mit dem Karren hergeschickt, damit ich Ihr Gepäck hole. Er hätte auch Pferde geschickt, dachte aber, daß Sie bei dieser Kälte lieber zu Fuß gingen.«

»Das stimmt«, sagte Mr. Pickwick, und ihm fiel ein, wie sie einst bei einer ganz anderen Gelegenheit denselben Weg gegangen waren. »Natürlich, wir gehen lieber zu Fuß, Sam!«

»Sir«, antwortete Mr. Weller.

»Helfen Sie Mr. Wardles Diener das Gepäck auf den Karren laden und kommen Sie mit ihm nach. Wir wollen augenblicklich aufbrechen.«

Die Pickwickier schlugen sogleich den ihnen wohlbekannten Fußweg ein und ließen Sam Weller mit dem Diener zurück. Sam blickte ihn voller Erstaunen an, sagte aber kein Wort und begann nacheinander die Gepäckstücke auf den Karren zu laden, wobei der Knabe, ohne einen Finger zu rühren, zuschaute und dabei aussah, als würde es ihn sehr interessieren, daß Sam die ganze Arbeit allein tat.

»So«, sagte Sam und warf den letzten Sack auf den Karren. »Jetzt ist alles drin.«

»Ja«, sagte der fette Knabe. »Jetzt ist alles drin.«

»Hör mal, du junger Fettsack«, sagte Sam, »du bist wahrlich ein seltenes Prachtexemplar von einem Burschen.«

»Danke schön«, sagte der Bursche.

»Gibt es denn nichts, was dich ein bißchen auszehren könnte?«, fragte Sam.

»Nicht daß ich wüßte«, antwortete der Knabe.

»Ich wäre beinahe auf den Gedanken gekommen, daß es da ein junges Frauenzimmer geben könnte, das nichts von dir wissen will«, sagte Sam.

Der Knabe schüttelte den Kopf.

»Das freut mich«, sagte Sam. »Und wie steht's mit dem Trinken?«

»Ich esse lieber«, entgegnete der Knabe.

»Das hätte ich mir denken können«, sagte Sam, »aber was ich gemeint habe, war, ob du vielleicht Lust auf einen kleinen Tropfen hast, der dir dein Herz erwärmt. Obwohl du wahrscheinlich dein Lebtag lang noch nie gefroren hast.«

»Doch, doch, manchmal schon«, erwiderte der Knabe, »aber einen Tropfen trinke ich ganz gern, wenn er gut ist.«

»Wirklich?« fragte Sam. »Na, dann komm mit.« Und sie begaben sich in das Schankstübchen, wo der Knabe ein Glas Branntwein auf einen Zug leerte, was ihn in Mr. Wellers Achtung gehörig steigen ließ. Als Sam es ihm nachgemacht hatte, bestiegen die beiden den Karren.

»Können Sie fahren?« fragte der Knabe.

»Will ich wohl meinen« erwiderte Sam und bekam von dem Knaben die Zügel in die Hand.

»Da geht's hinauf. Sie können es nicht verfehlen.«

Und mit diesen Worten legte er sich neben den Kabeljau und schlief augenblicklich ein.

»Na, so ein Faultier ist mir ja noch nie untergekommen«, sagte Sam. »He! Aufwachen, Du Saufkopf!«

Der Saufkopf machte aber keine Anstalten aufzuwachen, und so brachte ihn Sam im Zustand tiefsten Schlafs nach Dingley Dell.

Unterdessen waren die Pickwickier in froher Erwartung munter vorangeschritten. Als sie in den direkt nach Manor Farm führenden Seitenweg einbogen, vernahmen sie ein lautes Hurra, mit dem sie Mr. Wardle samt einer großen Gesellschaft begrüßte.

Der alte Herr sah womöglich noch fröhlicher aus als früher. Seine Gesellschaft bestand aus Bella, ihrem getreuen Mr. Trundle, Emilie und fast einem Dutzend junger Mädchen, die allesamt zu der am folgenden Tag stattfindenden Hochzeit eingeladen waren und so vergnügt und wichtig aussahen, wie es bei jungen Damen unter solchen bedeutenden Umständen der Fall zu sein pflegte.

Die Pickwickier und die Hochzeitsgäste wurden einander vorgestellt, und schon nach zwei Minuten scherzte Mr. Pickwick, als hätte er sie alle schon von Jugend an gekannt, ungezwungen mit den Damen, die so lange nicht über einen Zaun steigen wollten, solange er ihnen dabei zusah – oder die, weil sie sich ihrer zierlichen Füße und hübschen Knöchel bewußt waren, mehrere Minuten lang oben auf dem Zaun ausharrten und vorgaben, vor lauter Angst keinen Schritt mehr tun zu können. Auch ist es einer Bemerkung wert, dass Mr. Snodgrass Emilie weit mehr Aufmerksamkeit entgegenbrachte, als aufgrund der Zaunhöhe nötig gewesen wäre, während eine andere, schwarzäugige junge Dame mit allerliebsten kleinen Pelzstiefelchen entsetzlich aufschrie, als Mr. Winkle ihr seine Hilfe anbot.

Das alles war äußerst belustigend und angenehm, und als endlich alle Hindernisse überwunden waren und sich die ganze Gesellschaft wieder auf ebener Erde befand, teilte der alte Mr. Wardle Mr. Pickwick mit, daß sie alle zusammen die Wohnung in Augenschein genommen hätten, die das junge Paar nach dem Christfest beziehen sollte. Bella und Trundle wurden bei dieser Mitteilung genauso rot wie der Knabe am Kaminfeuer der Schankstube, und die schwarzäugige junge Dame mit den Pelzstiefeln flüsterte Emilie etwas ins Ohr und blickte verschmitzt zu Mr. Snodgrass hinüber. Emilie schalt ihre Freundin daraufhin, sie sei ein dummes Ding, errötete aber nichtsdestoweniger ganz gehörig, während Mr. Snodgrass, der so beschämt war, wie nur Genies beschämt sein konnten, die Röte in seinem Gesicht aufsteigen fühlte und die schwarzäugige junge Dame im Innersten seines Herzens dorthin wünschte, wo der Pfeffer wächst.

Im Haus wurden die Pickwickier ebenso mit allergrößter Herzlichkeit und Freude begrüßt. Sogar die Hausmädchen jauchzten vor Vergnügen, als sie Mr. Pickwick sahen, und Emma warf Mr. Tupman einen so eindeutig verschämten wie unverschämten Blick der Wiedersehensfreude entgegen, daß nicht viel gefehlt hätte und die Statue Bonapartes hätte ihre verschränkten Arme geöffnet und Emma an ihre Brust gedrückt.

Die alte Dame indes saß wie immer im Kaminwinkel, war aber verdrießlich und infolgedessen ungewöhnlich taub. Sie ging niemals aus und betrachtete es deshalb, so wie manche Damen ihres Schlages, als häuslichen Verrat, wenn sich andere die Freiheit herausnahmen, etwas zu tun, zu dem sie nicht mehr imstande war.

»Mutter«, sagte Mr. Wardle, »Mr. Pickwick ist da. Du erinnerst dich doch noch an ihn?«

»Bemüh nicht Mr. Pickwick wegen einer alten Person

wie mir«, entgegnete sie. »Kein Mensch kümmert sich um mich – was nur zu verständlich ist.«

Die alte Dame warf bei diesen Worten ihr Haupt naserümpfend in die Höhe und glättete mit zitternder Hand ihr lavendelfarbenes seidenes Kleid.

»Aber Madam«, sagte Mr. Pickwick, »wie sollte ich zulassen, daß Sie einen alten Freund auf solche Art zurückweisen, wo ich doch extra gekommen bin, um mit Ihnen gemütlich zu plaudern und eine Partie Whist zu spielen. Wir werden es den jungen Leuten schon zeigen, wie man ein Menuett tanzt, bevor sie achtundvierzig Stunden älter geworden sind.«

Augenscheinlich besserte sich die Laune der alten Dame, aber sie wollte noch nicht gleich nachgeben und erwiderte daher: »Ah, ich kann ihn nicht verstehen.«

»Unsinn, Mutter«, sagte Mr. Wardle, »sei nicht albern! Denk doch an Bella! Du mußt jetzt dafür sorgen, daß das arme Mädchen nicht der Mut verläßt.«

Die gute Großmutter verstand alles, denn ihre Lippen zitterten, als ihr Sohn zu ihr sprach. Doch das Alter hat seine kleinen Schwächen und Launen, und sie zierte sich daher noch immer.

Abermals glättete sie ihr lavendelfarbenes Kleid und sagte: »Ach, Mr. Pickwick, die jungen Leute waren ganz anders, als ich ein Mädchen war.«

»Ohne Zweifel, Madam«, erwiderte Mr. Pickwick, »das ist auch der Grund, warum ich die wenigen so schätze, die noch vom alten Schlag sind.«

Und er reichte, als er so sprach, Bella sehr galant die Hand, küßte sie auf die Stirn und bat sie, auf dem kleinen Stuhl vor ihrer Großmutter Platz zu nehmen.

Die alte Dame war gerührt, umarmte ihre Enkelin, und ihre Übellaunigkeit verflüchtigte sich in einem Strom stiller Tränen.

Die Gesellschaft war ausgelassen und fröhlich. Während Mr. Pickwick und die alte Dame gesetzt und feierlich eine Whistpartie nach der anderen spielten, wurde am Nebentisch um so ungezwungener gelärmt und gelacht. Lange nachdem sich die Damen zurückgezogen hatten, saßen die Herren noch immer bei ihrem mit Gewürzen verfeinerten heißen Wein, und ein fester Schlaf mit angenehmen Träumen war die Folge. Bemerkenswert ist die Tatsache, daß Mr. Snodgrass die ganze Nacht von Emilie, und Mr. Winkle zur selben Zeit von einer gewissen schwarzäugigen und verschmitzt lächelnden jungen Dame mit Pelzstiefelchen träumte.

Am nächsten Morgen wurde Mr. Pickwick von einem Lärm geweckt, der selbst den fetten Knaben aus tiefstem Schlummer aufgeweckt hätte. Er richtete sich in seinem Bett auf und horchte. Die jungen Damen und die Hausmädchen eilten beständig hin und her, riefen ununterbrochen nach heißem Wasser und nach Nadeln und Zwirn und baten allenthalben: »O komm doch und schnür mich!«, daß Mr. Pickwick in seiner Unschuld glaubte, ein Unglück sei geschehen. Gerade wollte er aus dem Bett steigen und zu Hilfe eilen, da erinnerte er sich, nun endlich wach, der bevorstehenden Hochzeit. Er kleidete sich mit großer Sorgfalt an und ging ins Frühstückszimmer hinunter.

Die Hausmädchen liefen in nagelneuen rosaroten Musselinkleidern voller Eifer und Aufregung treppauf, treppab. Die alte Dame hatte ein Brokatkleid angelegt, das schon seit zwanzig Jahren kein Tageslicht mehr gesehen hatte. Mr. Trundle war aufs beste gelaunt, wenngleich ein wenig nervös. Mr. Wardle versuchte unbekümmert auszusehen, was ihm aber nicht allzu gut gelang. Und sämtliche junge Damen waren in Tränen und weißem Musselin, ausgenommen jene zwei oder drei Auserlesenen, die insgeheim einen Blick auf Braut und Brautjungfern werfen durften. Alle Pickwickier hatten sich aufs Schönste herausgeputzt, und draußen vor dem Herrenhaus lärmten und lachten und sangen alle Knechte und Buben von Manor Farm und Dingley Dell aus Leibeskräften, jeder mit einer weißen Schleife im Knopfloch und angespornt von Mr. Samuel Weller, der sich schon in kürzester Zeit äußerst beliebt gemacht hatte und sich fühlte, als wäre er auf Manor Farm geboren und aufgewachsen.

Eine Hochzeit ist für jedermann immer wieder Anlaß, Witze zu reißen – obwohl sie in Wahrheit alles andere als witzig ist. Wohlgemerkt, wir sprechen hier lediglich von der Hochzeitszeremonie und verbitten uns jedweden versteckten Spott über das eheliche Leben. In die Hochzeitsfreude mischt sich der Schmerz, das väterliche Haus zu verlassen, die Tränen der Trennung zwischen Eltern und Kind, das Bewußtsein, die teuersten, treuesten und liebevollsten Menschen zu verlassen und von der schönsten Zeit im Leben Abschied zu nehmen – um mühevollen, minder glücklichen Tagen entgegenzugehen.

Doch wir wollen uns von so trüben Gedanken nicht aufhalten lassen und melden daher pflichtschuldigst, daß die Trauung von dem alten Geistlichen in der Kirche von Dingley Dell vollzogen wurde, daß Mr. Pickwick seinen Namen in das Trauregister setzte – was bis heute in der Sakristei zu lesen ist –; daß ferner die schwarz-äugige Dame ihren Namen mit sehr unsicherer, zitternder Hand schrieb; daß Emiliens und der zweiten Brautjungfer Namenszüge kaum zu entziffern sind; daß alles einen vortrefflichen Fortgang nahm; daß die jungen Damen am Ende übereinkamen, eine Trauung sei gar nicht so schrecklich, wie sie gedacht haben; und daß, obgleich die Besitzerin der schwarzen Augen Mr. Winkle soeben versicherte, niemals im Leben sich einer so peinigenden Handlung zu unterziehen, wir die besten Gründe haben, anzunehmne, daß sie gründlich im Irrtum war. Wir können all dem hinzufügen, daß Mr. Pickwick die Neuvermählte als erster beglückwünschte und daß er ihr dabei eine prachtvolle Uhr an einer goldenen Kette um den Hals hängte, die außer dem Juwelier niemand zuvor zu Gesicht bekommen hatte. Frohes Glockengeläut beschloß die Feierlichkeiten, und die Hochzeitsgesellschaft kehrte wieder nach Manor Farm zum Frühstück zurück.

»Wo sollen denn die Weihnachtskuchen hin, junger Opiumfresser?«, fragte Sam den fetten Knaben, während er ihm half, die Gerichte aufzutragen.

Der Knabe wies ihm mit dem Finger die Stelle zu.

»Gut«, sagte Mr. Weller. »Tu aber auch ein bißchen Weihnachtsgrün hinein. In die andere Schüssel. So. Jetzt nehmen wir uns wenigstens hübsch ordentlich und komfortabel aus, sagte der Vater, als er dem Jungen den Kopf abschlug, um ihn vom Schielen zu kurieren.«

Sam trat einige Schritte zurück und betrachtete seine Arrangements mit großem Stolz, als die Hochzeitsgesellschaft zurückkehrte. Alle nahmen Platz, und Mr. Pickwick mußte sogleich mit dem armen Mr. Wardle auf das Glück der Neuvermählten anstoßen, was er mit größtem und wahrhaftigstem Genuß erledigte.

Die alte Dame präsidierte in ihrer ganz ehrwürdigen Pracht oben am Tisch zwischen ihrer soeben vermählten Tochter und Mr. Pickwick und begann sogleich, ihm den Hergang ihrer eigenen Hochzeit zu erzählen, wobei sie einen Bericht über die unterschiedlichsten Moden ihrer Jugendzeit, das Leben und Abenteuer der schönen seligen Lady Tollimglower und allerlei andere Episoden allerlei anderer, längst verstorbener Bekanntschaften ihres Lebens zum besten gab. Sie lachte herzlich dabei, und die jungen Mädchen lachten herzlich über ihre gesprächige Großmama. Und weil die jungen Mädchen lachten, lachte auch die Großmama und sagte, diese Geschichten seien ihr immer schon äußerst unterhaltsam vorgekommen, worauf die jungen Mädchen abermals anfingen zu lachen, was die Großmama wiederum in die allerrosigste Laune versetzte. Dann wurden die Kuchen angeschnitten und verteilt, und die jungen Damen hoben sich kleine Krümelchen davon auf, um sie später unter ihre Kopfkissen zu legen und von ihrem Zukünftigen zu träumen, was nicht wenig Erröten und Heiterkeit nach sich zog.

Mr. Pickwick forderte Mr. Miller auf, ein Glas mit ihm zu trinken.

»Schließen Sie mich mit ein«, sagte der alte Geistliche.

»Mich auch«, forderte seine Frau.

»Mich auch! Mich auch!«, riefen ein paar arme Verwandte vom unteren Ende der Tafel, die ordentlich gegessen und getrunken hatten und über alles lachen mußten, und Mr. Pickwick strahlte übers ganze Gesicht. (...)

Als Sam seine moralische Erzählung, von welcher der fette Knabe äußerst ergriffen schien, beendet hatte, begaben sich alle drei in die geräumige Küche, wo sich unterdessen alle Hausbewohner versammelt hatten, gemäß dem alljährlich wiederkehrenden weihnachtlichen Brauch, an den sich des alten Wardle Vorfahren seit unvordenklichen Zeiten gehalten hatten.

Soeben hatte der alte Herr mit eigenen Händen einen mächtigen Mistelzweig hoch oben an die Decke gehängt, und im Handumdrehen wurde er zum Anlaß eines lustigen Hin und Hers und allgemeiner Konfusion. Mr. Pickwick nahm mit einer Galanterie, die einem Abkömmling Lady Tollimglowers selbst zur Ehre gereicht hätte, die alte Dame bei der Hand, führte sie unter den mystischen Zweig und küßte sie – von Kopf bis Fuß ein Gentleman –, und die alte Dame ließ es sich gefallen mit einer dem Anlaß entsprechenden Würde und Feierlichkeit. Die jüngere Damenwelt dagegen, die von solcherart Aberglauben weniger hielt oder der Meinung war, der Wert eines Kusses steige um ein Beträchtliches, wenn er sich nicht so leicht rauben ließe, kreischte und sträubte sich und floh in sämtliche Winkel, um den Küssen zu entgehen, jedoch keine von ihnen entfernte sich aus der Küche. Schließlich kamen einige der weniger verwegenen Herren auf die Idee, von der ganzen Sache abzulassen, was zur Folge hatte, daß sämtliche Damen es nunmehr für vergeblich erachteten, Widerstand zu leisten, und sich samt und sonders hingebungsvoll küssen ließen. Mr. Winkle küßte die Dame mit den schwarzen

Augen, Mr. Snodgrass küßte Emilie, und Mr. Weller, dem es offensichtlich nicht so wichtig war, ob er nun gerade unter dem Mistelzweig stand oder sonstwo, küßte Emma und alle anderen Hausmädchen, so wie sie ihm in die Hände liefen. Und was die Mitglieder der übrigen Verwandtschaft betrifft: Jeder küsste jeden, sogar die unansehnlichsten unter den Besucherinnen, die allesamt den Kopf verloren hatten und unter den Mistelzweig gerieten, kaum daß er aufgehängt war. Mr. Wardle stand mit dem Rücken zum Feuer und genoß die Szenerie, während der fette Knabe sich die Gelegenheit nicht entgehen ließ, ein ordentliches Stück Weihnachtskuchen, das für jemand anderes reserviert war, in sich hineinzuschlingen.

Der Lärm und das Lachen hatten sich gelegt, die Gesichter glühten, und die Frisuren waren zerzaust, als Mr. Pickwick immer noch frohgelaunt unterm Mistelzweig stand. Plötzlich sprang die junge Dame mit den schwarzen Augen auf ihn zu, die eben noch mit ihren Freundinnen geflüstert hatte, schlang ihren Arm um seinen Hals und küßte ihn auf die linke Wange. Und ehe Mr. Pickwick noch recht wußte, wie ihm geschah, wurde er von allen umringt und geherzt.

Es war unendlich reizend mitanzusehen, wie Mr. Pickwick in die Mitte genommen und bald hierhin, bald dorthin gezerrt, wie er zuerst aufs Kinn, dann auf die Nase, dann wieder auf die Brille geküßt wurde, wie das Gelächter und die Freude nicht aufhören wollten, und wie er ein paar Augenblicke später mit verbundenen Augen und ausgestreckten Armen gegen Wände und Ecken taumelte. Voller Freude gab er sich dem Blinde-Kuh-Spiel hin, bis er schließlich einen der armen Verwandten erwischte und sich nun selber in Sicherheit bringen mußte – was ihm aber mit großem Geschick und unter Beifallsstürmen aller Anwesenden glänzend gelang. Die armen Verwandten wollten immer nur diejenigen am liebsten fangen, von denen sie glaubten, daß sie sich auch gern fangen ließen, und als alle am Ende keine Lust mehr am Blinde-Kuh-Spiel hatten, wurde mit dem Löwenmaul-Spiel angefangen. Danach – alle Rosinen waren aufgegessen und nicht wenige Fingerspitzen verbrannt – setzte man sich an das gewaltig lodernde Kaminfeuer zu einem Abendessen nieder, und in einer riesigen Bowle, die kaum kleiner war als ein Waschkessel, brodelten und zischten die heißen Äpfel verlockend, daß keiner unserer Freunde widerstehen konnte.

»Das«, rief Mr. Pickwick in die Runde, »das nenne ich eine gelungene Weihnachtsstimmung!«

»So ist es bei uns jedes Jahr!«, erwiderte Mr. Wardle.

»Am Weihnachtsabend setzen wir uns alle, so wie wir sind, zusammen, Herrschaft und Dienerschaft, bis die Glocke zwölf schlägt, um den Heiligen Herrn Jesus zu begrüßen, und vertreiben uns mit allen möglichen Spielen und Geschichten die Zeit. Trundle, mein lieber Junge, leg noch einmal nach.«

Und Tausende von Funken stoben empor, und die hoch auflodernden Flammen warfen ihren Schein bis in die hintersten Winkel des Zimmers und zauberten eine fröhliche Farbe in jedes Gesicht.

WIE SOLL ICH DICH EMPFANGEN?

Paul Gerhardt

Wie soll ich dich empfangen,
    und wie begegn' ich dir,
o aller Welt Verlangen, o meiner Seele Zier?
O Jesu, Jesu, setze mir selbst die Fackel bei,
damit, was dich ergötze, mir kund und wissend sei!

Dein Zion streut dir Palmen und grüne Zweige hin,
und ich will dir in Psalmen ermuntern meinen Sinn.
Mein Herze soll dir grünen in stetem Lob und Preis
und deinem Namen dienen, so gut es kann und weiß.

Was hast du unterlassen zu meinem Trost und Freud',
als Leib und Seele saßen in ihrem größten Leid?
Als mir das Reich genommen,
    da Fried' und Freude lacht,
da bist du, mein Heil, kommen
    und hast mich froh gemacht.

Ich lag in schweren Banden,
    du kommst und machst mich los;
ich stand in Spott und Schanden,
    du kommst und machst mich groß
und hebst mich hoch zu Ehren
    und schenkst mir großes Gut,
das sich nicht läßt verzehren,
    wie irdisch Reichtum tut.

Nichts, nichts hat dich getrieben
     zu mir vom Himmelszelt
als das geliebte Lieben, damit du alle Welt
in ihren tausend Plagen und großen Jammerlast,
die kein Mund kann aussagen, so fest umfangen hast.

Das schreib dir in dein Herze, du hochbetrübtes Heer,
     bei denen Gram und Schmerze
sich häuft je mehr und mehr.
Seid unverzagt! Ihr habet die Hilfe vor der Tür;
der eure Herzen labet und tröstet, steht allhier.

Auch dürft ihr nicht erschrecken
     vor eurer Sünden Schuld;
nein, Jesus will sie decken mit seiner Lieb' und Huld.
Er kömmt, er kömmt den Sündern
     zu Trost und wahrem Heil,
schafft, daß bei Gottes Kindern
     verbleib' ihr Erb und Teil.

WEIHNACHTEN

Joseph von Eichendorff

Markt und Straßen stehn verlassen,
still erleuchtet jedes Haus,
sinnend geh ich durch die Gassen,
alles sieht so festlich aus.

An den Fenstern haben Frauen
buntes Spielzeug fromm geschmückt,
tausend Kindlein stehn und schauen,
sind so wundervoll beglückt.

Und ich wandre aus den Mauern
bis hinaus ins freie Feld,
hehres Glänzen, heil'ges Schauern!
Wie so weit und still die Welt!

Sterne hoch die Kreise schlingen,
aus des Schnees Einsamkeit
steigt's wie wunderbares Singen –
o du gnadenreiche Zeit!

JESUS – DAS LICHT DER WELT

Wilhelm Busch

Alle Jahre wiederholt sich in meiner Familie vor Weihnachten ein neckisches Spiel. Jeder versichert dem anderen: »In diesem Jahr habe ich leider gar kein rechtes Geschenk für dich!« Und wenn dann die Bescherung kommt, findet man erstaunlicherweise schöne und liebevolle Überraschungen.

Genau umgekehrt hat es Gott gemacht. Jahrhundertelang hat er mitgeteilt, dass er ein wundervolles Weihnachtsgeschenk geben wolle. Durch den Mund der Propheten hat er dieses Geschenk in allen Einzelheiten beschreiben lassen. Und als endlich die Zeit erfüllt war, da hieß es: »Lobt Gott, ihr Christen allzugleich, in seinem höchsten Thron, der heut schleußt auf sein Himmelreich und schenkt uns seinen Sohn.«

Doch trotz aller Erklärungen und Vorbereitungen Gottes stehen wir mit unseren stumpfen Sinnen immer wieder so verständnislos vor diesem Geschenk Gottes. Darum lasst uns einmal darauf achten, dass in der Weihnachtsgeschichte ein Zeichen vorkommt, durch das Gott uns selber sein Geschenk erklärt:

Das war das Allererste, was die Hirten auf dem Felde von dem großen Ereignis erfuhren, dass die Klarheit des Herrn sie umleuchtete und die Nacht taghell wurde. Ehe der Engel den Mund aufmachte, wurde an diesem Zeichen deutlich gemacht: Jetzt ist in die Nacht der Welt das helle Licht gekommen.

Das Kind, das da in der Krippe lag, ist das Licht in der Nacht der Welt.

Dass es wirklich von Gott so gemeint ist, kann man daran sehen, dass diese erleuchtete Nacht ihr Gegenstück hat: den verdunkelten Tag. Es geschah nämlich einmal, dass der helle Tag zur Nacht wurde. Und das war in der Stunde, als dieser Jesus starb und sein Leben verlöschte am Kreuz. Da verlor die Sonne den Schein.

Also: Gott gibt seinen Sohn zum Licht in die Nacht der Welt. Lasst mich nicht von der Finsternis reden. Den meisten Menschen gefällt sie. Eulen finden ja auch die Nacht ganz hübsch. Lasst mich reden davon, dass in der ersten Weihnachtsnacht der Welt das Licht aufging. Jesus sagt selbst: »Ich bin das Licht der Welt. Wer mir nachfolgt, wird nicht wandeln in der Finsternis, sondern wird das Licht des Lebens haben.« Lasst uns nur recht in das Licht des Heilandes hineingehen!

Die taghell erleuchtete Nacht also ist ein Symbol für Gottes Geschenk: Jesus – das Licht der Welt.

MARIÄ VERKÜNDIGUNG

(Lukas 1,26-38)

Nach Martin Luther

Und im sechsten Monat ward der Engel Gabriel gesandt von Gott in eine Stadt in Galiläa, die heißt Nazareth, zu einer Jungfrau, die vertrauet war einem Manne, mit Namen Joseph, vom Hause Davids; und die Jungfrau hieß Maria.

Und der Engel kam zu ihr hinein, und sprach: Gegrüßet seiest du, Holdselige! Der Herr ist mit dir, du Gebenedeite unter den Weibern.

Da sie ihn aber sahe, erschrak sie über seiner Rede, und gedachte: Welch ein Gruß ist das?

Und der Engel sprach zu ihr: Fürchte dich nicht, Maria, du hast Gnade bei Gott gefunden.

Siehe, du wirst schwanger werden im Leibe, und einen Sohn gebären, deß Namen solst du Jesus heißen.

Der wird groß, und ein Sohn des Höchsten genannt werden, und Gott der Herr wird ihm den Stuhl seines Vaters David geben; und er wird ein König sein über das Haus Jakobs ewiglich, und seines Königreichs wird kein Ende sein.

Da sprach Maria zu dem Engel: Wie soll das zugehen? Sintemal ich von keinem Manne weiß.

Der Engel antwortete, und sprach zu ihr: Der heilige Geist wird über dich kommen, und die Kraft des Höchsten wird dich überschatten; darum auch das Heilige, das von dir geboren wird, wird Gottes Sohn genannt werden.

Und siehe, Elisabeth, deine Gefreundte, ist auch schwanger mit einem Sohne, in ihrem Alter, und gehet jetzt im sechsten Monat, die im Geschrei ist, daß sie unfruchtbar sei.

Denn bei Gott ist kein Ding unmöglich.

Maria aber sprach: Siehe, ich bin des Herrn Magd; mir geschehe, wie du gesagt hast. Und der Engel schied von ihr.

DIE BIBLISCHE WEIHNACHTSGESCHICHTE
(Lukas 2,1-20)
Nach Martin Luther

*E*s begab sich aber zu der Zeit, daß ein Gebot vom Kaiser Augustus ausging, daß alle Welt geschätzet würde.

Und diese Schätzung war die allererste, und geschah zu der Zeit, da Cyrenius Landpfleger in Syrien war.

Und Jedermann ging, daß er sich schätzen ließe, ein Jeglicher in seine Stadt.

Da machte sich auch auf Joseph aus Galiläa, aus der Stadt Nazareth, in das jüdische Land, zur Stadt Davids, die da heißt Bethlehem, darum, daß er aus dem Hause und Geschlecht Davids war, auf daß er sich schätzen ließe mit Maria, seinem vertrauten Weibe. Die war schwanger.

Und als sie daselbst waren, kam die Zeit, daß sie gebären sollte.

Und sie gebar ihren ersten Sohn, und wickelte ihn in Windeln, und legte ihn in eine Krippe, denn sie hatten sonst keinen Raum in der Herberge.

Und es waren Hirten in derselbigen Gegend auf dem Felde bei den Hürden, die hüteten des Nachts ihrer Herde. Und siehe, des Herrn Engel trat zu ihnen, und die Klarheit des Herrn leuchtete um sie, und sie fürchteten sich sehr.

Und der Engel sprach zu ihnen: Fürchtet euch nicht; siehe, ich verkündige euch große Freude, die allem Volk widerfahren wird;

denn euch ist heute der Heiland geboren, welcher ist Christus der Herr, in der Stadt Davids.

Und das habt zum Zeichen: Ihr werdet finden das Kind in Windeln gewickelt und in einer Krippe liegend.

Und alsobald war da bei dem Engel die Menge der himmlischen Heerscharen, die lobeten Gott und sprachen:

Ehre sei Gott in der Höhe, und Friede auf Erden, und den Menschen ein Wohlgefallen.

Und da die Engel von ihnen gen Himmel fuhren, sprachen die Hirten untereinander: Laßt uns nun gehen gen Bethlehem und die Geschichte sehen, die da geschehen ist, die uns der Herr kund getan hat.

Und sie kamen eilend und fanden beide, Mariam und Joseph, dazu das Kind in der Krippe liegend.

Da sie es aber gesehen hatten, breiteten sie das Wort aus, welches zu ihnen von diesem Kinde gesagt war.

Und Alle, vor die es kam, wunderten sich der Rede, die ihnen die Hirten gesagt hatten.

Maria aber behielt alle diese Worte und bewegte sie in ihrem Herzen.

Und die Hirten kehreten wieder um, priesen und lobten Gott um Alles, das sie gehöret und gesehen hatten, wie denn zu ihnen gesagt war.

DIE ZWÖLF APOSTEL

Brüder Grimm

*E*s war dreihundert Jahre vor des Herrn Christi Geburt, da lebte eine Mutter, die hatte zwölf Söhne, war aber so arm und dürftig, daß sie nicht wusste, womit sie ihnen länger das Leben erhalten sollte. Sie betete täglich zu Gott, er möchte doch geben, daß alle ihre Söhne mit dem verheißenen Heiland auf Erden zusammen wären. Als nun ihre Not immer größer ward, schickte sie einen nach dem andern in die Welt, um sich ihr Brot zu suchen.

Der älteste hieß Petrus, der ging aus und war schon weit gegangen, eine ganze Tagreise, da geriet er in einen großen Wald. Er suchte einen Ausweg, konnte aber keinen finden und verirrte sich immer tiefer; dabei empfand er so großen Hunger, daß er sich kaum aufrecht erhalten konnte. Endlich ward er so schwach, daß er liegenbleiben mußte und glaubte, dem Tode nahe zu sein. Da stand auf einmal neben ihm ein kleiner Knabe, der glänzte und war so schön und freundlich wie ein Engel. Das Kind schlug seine Händchen zusammen, daß er aufschauen und es anblicken mußte. Da sprach es: »Warum sitzest du da so betrübt?« »Ach«, antwortete Petrus, »ich gehe umher in der Welt und suche mein Brot, damit ich noch den verheißenen lieben Heiland sehe; das ist mein größter Wunsch.« Das Kind sprach: »Komm mit, so soll dein Wunsch erfüllt werden.« Es nahm den armen Petrus an der Hand und führte ihn zwischen Felsen zu einer großen

Höhle. Wie sie hineinkamen, so blitzte alles von Gold, Silber und Kristall, und in der Mitte standen zwölf Wiegen nebeneinander. Da sprach das Englein: »Lege dich in die erste und schlaf ein wenig, ich will dich wiegen.« Das tat Petrus, und das Englein sang ihm und wiegte ihn so lange, bis er eingeschlafen war. Und wie er schlief, kam der zweite Bruder, den auch sein Schutzenglein hereinführte, und ward wie der erste in den Schlaf gewiegt, und so kamen die andern nach der Reihe, bis alle zwölfe dalagen in den goldenen Wiegen und schliefen. Sie schliefen aber dreihundert Jahre, bis in der Nacht, worin der Weltheiland geboren ward. Da erwachten sie und waren mit ihm auf Erden und wurden die zwölf Apostel genannt.

WEIHNACHTSLIED
Max von Schenkendorf

Brich an, du schönes Morgenlicht!
Das ist der alte Morgen nicht,
Der täglich wiederkehret.
Es ist ein Leuchten aus der Fern',
Es ist ein Schimmer, ist ein Stern,
Vor dem ich längst gehöret.

Nun wird ein König aller Welt,
Von Ewigkeit zum Heil bestellt,
Ein zartes Kind geboren.

Der Teufel hat sein altes Recht
Am ganzen menschlichen Geschlecht
Verspielt schon und verloren.

Der Himmel ist jetzt nimmer weit,
Es naht die sel'ge Gotteszeit
Der Freiheit und der Liebe.
Wohlauf, du frohe Christenheit!
Daß jeder sich nach langem Streit
In Friedenswerken übe.

Ein ewig festes Liebesband
Hält jedes Haus und jedes Land
Und alle Welt umfangen,
Wir alle sind ein heil'ger Stamm,
Der Löwe spielet mit dem Lamm,
Das Kind am Nest der Schlangen.

Wer ist noch, welcher sorgt und sinnt?
Hier in der Krippe liegt ein Kind
Mit lächelnder Gebärde.
Wir grüßen dich, du Sternenheld.
Willkommen, Heiland aller Welt!
Willkommen auf der Erde!

AUS DEM
»CHERUBINISCHEN WANDERSMANN«

Angelus Silesius

Wird Christus tausendmal in Bethlehem geboren
Und nicht in dir, du bleibst noch ewiglich verloren.

Gott schleußt sich unerhört in Kindes Kleinheit ein:
Ach möcht ich doch ein Kind in diesem Kinde sein.

Ach könnte nur dein Herz zu einer Krippe werden,
Gott würde noch einmal ein Kind auf dieser Erden.

Merk, in der stillen Nacht wird Gott, ein Kind, geborn,
Und wiederum ersetzt, was Adam hat verlorn.

Ist deine Seele still und dem Geschöpfe Nacht,
So wird Gott in dir Mensch und alles wiederbracht.

Hier liegt das werte Kind, der Jungfrau erste Blum,
Der Engel Freud und Lust, der Menschen Preis und Ruhm.

Soll er dein Heiland sein und dich zu Gott erheben,
So mußt du nicht sehr weit von seiner Krippe leben.

Der Himmel senket sich, er kommt und wird zur Erden;
Wann steigt die Erd empor und wird zum Himmel werden?

GESCHICHTE VOM LICHT
DES HIRTENJUNGEN

Als die Engel den Hirten verkündet hatten, dass im Stall von Betlehem der König der Welt geboren war, da suchte jeder nach einem passenden Geschenk, das er dem Kind in der Krippe mitbringen wollte.

»Ich bringe ein Schäfchen mit!« meinte der eine. »Ich eine Kanne voll frischer Milch!« sagte ein anderer. »Und ich eine warme Decke, damit das Kind nicht friert!« rief ein dritter.

Unter den Hirten war aber auch ein Hirtenjunge. Der war bettelarm und hatte nichts, was er dem Kind schenken konnte. Traurig lief er zum Schafstall und suchte in dem winzigen Eckchen, das ihm gehörte, nach etwas, was er vielleicht doch mitbringen könnte. Aber da war nichts, was auch nur den Anschein eines Geschenkes hatte. In seiner Not zündete der Hirtenjunge eine kleine Kerze an und suchte in jeder Ritze und in jeder Ecke. Doch alles Suchen war umsonst. Da setzte er sich endlich mitten auf den Fußboden und war traurig, dass ihm die Tränen herunterliefen. So bemerkte er gar nicht, dass ein anderer Hirte in den Stall gekommen war und vor ihm stehenblieb. Er erschrak richtig, als ihn der Hirte ansprach: »Da bringen wir dem König der Welt alle möglichen Geschenke. Ich glaube aber, dass du das allerschönste Geschenk hast!«

Erstaunt blickte ihn der Junge mit verweinten Augen an. »Ich hab doch gar nichts!« sagte er leise.

Da lachte der Hirte und meinte: »Schaut euch diesen Knirps an! Da hält er in seiner Hand eine leuchtende Kerze und meint, er habe gar nichts!«

»Soll ich dem Kind vielleicht die kleine Kerze schenken?« fragte der Hirtenjunge aufgeregt.

»Es gibt nichts Schöneres!« antwortete der Hirte ernst. Da stand der Hirtenjunge auf, legte seine Hand schützend vor die kleine Flamme und machte sich mit den Hirten auf den Weg. Als sie mit ihren Geschenken den Stall erreichten, war es dort kalt und dunkel. Als aber der Hirtenjunge mit seiner kleinen Kerze den Stall betrat, da breitete sich ein Leuchten und eine Wärme aus, und alle konnten Maria und Josef und das Kind in der Krippe sehen.

So knieten die Hirten vor der Krippe und beteten den Herrn der Welt an, das kleine Kind mit Namen Jesus. Danach übergaben sie ihre Geschenke. Der Hirtenjunge aber stellte seine Kerze ganz nah an die Krippe, und er konnte deutlich das Leuchten in Marias und Josefs Augen sehen. »Das kleine Licht ist das allerschönste Geschenk!« sagten die Hirten leise.

Und alle freuten sich an dem schönen Weihnachtslicht, das sogar den armseligen Stall warm und gemütlich machte.

Der Hirtenjunge aber spürte, wie in ihm selbst eine Wärme aufstieg, die ihn immer glücklicher machte. Und wieder musste er weinen, diesmal weil er sich so glücklich fühlte. Bis zum heutigen Tag zünden die Menschen vor Weihnachten Kerzen an, weil sie alle auf Weihnachten warten und ihnen das kleine Licht immer wieder Freude und Geborgenheit schenkt.

ABENDMAHLSLIED ZU WEIHNACHTEN

Mein Gott, dein hohes Fest des Lichtes
hat stets die Leidenden gemeint,
und wer die Schrecken des Gerichtes
nicht als der Schuldigste beweint,
dem blieb dein Stern noch tiefverhüllt
und deine Weihnacht unerfüllt.

Die ersten Zeugen, die du suchtest,
erschienen aller Hoffnung bar.
Voll Angst, als ob du ihnen fluchtest,
und elend war die Hirtenschar.
Den Ärmsten auf verlassenem Feld
gabst du die Botschaft an die Welt.

Die Feier ward zu bunt, zu heiter,
mit der die Welt dein Fest begeht.
Mach uns doch für die Nacht bereiter,
in der dein Stern am Himmel steht.
Und über deiner Krippe schon
zeig uns dein Kreuz, du Menschensohn.

Herr, daß wir dich so nennen können,
präg unseren Herzen heißer ein.
Wenn unsere Feste jäh zerrönnen,
muß jeder Tag noch Christtag sein.
Wir preisen dich in Schmerz, Schuld, Not
und loben dich bei Wein und Brot.

VOM KÖNIG, DER GOTT SEHEN WOLLTE

Leo Tolstoi

*J*n einem fernen Lande lebte einst ein König, den am Ende seiner Tage Schwermut befiel. »Seht«, sagte er, »nun habe ich in meinem Leben alles, was nur ein Mensch erleben und mit den Sinnen aufnehmen kann, erfahren, gehört und gesehen. Nur eines habe ich nicht gesehen im meinem ganzen Leben: Gott habe ich nicht gesehen. Ihn wünsche ich noch zu sehen.«

Deshalb erließ der König an alle Machthaber, Weisen und Priester den Befehl, ihm Gott zu zeigen. Schwerste Strafen wurden ihnen angedroht, wenn es ihnen nicht gelänge. Der König gewährte eine Frist von drei Tagen. Trauer kam über die Bewohner des königlichen Palastes, und alle warteten auf ihr bevorstehendes Ende. Genau nach drei Tagen um die Mittagszeit ließ der König sie vor sich rufen. Die Münder der Machthaber, der Weisen und Priester aber blieben stumm. In seinem Zorn war der König schon bereit, das Todesurteil auszusprechen. Da kam ein Hirte vom Felde, der von des Königs Befehl gehört hatte, und sagte: »Erlaube mir, König, deinen Wunsch zu erfüllen!«

»Gut«, sagte der König, »aber bedenke, es geht um deinen Kopf.«

Der Hirte führte den König auf einen freien Platz und zeigte ihm die Sonne. »Sieh hin«, sagte er. Der König hob seine Augen und wollte die Sonne sehen. Aber der Glanz blendete ihn, und er senkte den Kopf und schloss die Augen.

»Willst du, dass ich erblinde?«, sagte er zu dem Hirten.
»Aber König, das ist doch nur ein Ding der Schöpfung, ein schwacher Abglanz der Größe Gottes, ein kleines Fünkchen seines flammenden Feuers. Wie willst du mit deinen schwachen, tränenden Augen Gott sehen? Suche ihn mit anderen Augen!«

Der Einfall gefiel dem König. Er sagte zu dem Hirten: »Ich erkenne deinen Geist und sehe die Größe deiner Seele. Antworte mir nun: Was war vor Gott?«

Nach einigem Nachdenken sagte der Hirte: »Nicht so! Fange mit dem an, was vor eins kommt.«

»Wie kann ich denn? Vor eins gibt es doch gar nichts.«

»Sehr weise gesprochen, Herr. Auch vor Gott gibt es nichts.«

Diese Antwort gefiel dem König noch besser als die vorhergehende. »Ich werde dich reich beschenken; vorher beantworte aber noch die dritte Frage: Was macht Gott?«

Der Hirte sah, dass des Königs Herz weich geworden war. »Gut«, sagte er, »auch darauf will ich dir antworten. Nur um eines bitte ich dich: Lass uns die Kleider für eine kurze Zeit tauschen.«

Und der König legte die Zeichen seiner Königswürde ab, kleidete damit den Hirten, und selbst zog er dessen unscheinbaren Rock an und hängte sich die Hirtentasche um. Und der Hirte setzte sich auf den Thron, nahm das Zepter und zeigte damit auf den an den Stufen des Thrones mit einer Hirtentasche stehenden König. »Siehst du, das macht Gott! Den einen erhebt er auf den Thron, und den anderen lässt er heruntersteigen.« Und der Hirte zog wieder seine eigene Kleidung an.

Der König stand in Gedanken versunken. Das letzte Wort des Hirten brannte auf seiner Seele. Aber plötzlich ermahnte er sich, und unter sichtbaren Zeichen der Freude sagte er: »Jetzt sehe ich Gott.«

CHRISTLIED
Martin Luther

Vom Himmel kam der Engel Schar,
Erschien den Hirten offenbar,
Sie sagten ihn': Ein Kindlein zart,
Das liegt dort in der Krippen hart.

Zu Bethlehem in Davids Stadt,
Wie Micha das verkündet hat.
Es ist der Herre Jesus Christ,
Der euer aller Heiland ist.

Des sollt ihr billig fröhlich sein,
Dass Gott mit euch ist worden ein.
Er ist geborn eur Fleisch und Blut,
Eur Bruder ist das ewig Gut.

Was kann euch tun die Sünd und Tod?
Ihr habt mit euch den wahren Gott.
Laßt zürnen Teufel und die Höll:
Gotts Sohn ist worden eur Gesell.

Er will und kann euch lassen nicht,
Setzt ihr auf ihn eur Zuversicht.
Es mögen euch viel fechten an:
Dem sei Trotz, ders nicht lassen kann.

Zuletzt müsst ihr doch haben recht,
Ihr seid nun worden Gotts Geschlecht.
Des danket Gott in Ewigkeit,
Geduldig, fröhlich allezeit.

DIE CHRISTNACHT
Rainer Maria Rilke

Es gibt keinen Moment im langen Jahre, wo man sich ihre immerfort mögliche Erscheinung und dann Allgegenwärtigkeit so lebhaft ins Gemüt zu rufen vermöchte, wie diese über die Jahrhunderte hin unabhängige Winternacht, die durch die unvergleichliche Hinzukunft jenes alle Wesen umwandelnden Kindes die Summe aller übrigen Erdennächte an Wert mit einem Schlage überwog und übertraf. Mag der leichte Sommer, wo das Dasein um ein Beträchtliches erträglicher und müheloser scheint, wo wir nicht so unmittelbarer Anfeindung aus der Luft und aus der heiter beschäftigten Natur uns zu erwehren haben –, mag der glücklichere Sommer uns mit Tröstungen verwöhnen –, was sind sie alle gegen die unermeßlichen Trostschätze dieser außen unscheinbaren, ja armen Nacht, die nach innen zu plötzlich offfensteht wie ein alle umfassendes und wärmendes Herz und die wirklich mit Schlägen ihres glockentönigen Herzens antwortet auf unser Hineinhorchen in den innersten Gewahrsam!

Alle Verkündigungen der Vorzeit reichten nicht hin, diese Nacht anzusagen, alle Hymnen, die zu ihrem Preis gesungen worden sind, reichten nicht an die Stille und Spannung heran, in der Hirten und Könige niederknieten – so wie ja auch wir, keiner von uns, je imstande gewesen ist, während diese Wundernacht ihm geschieht, die Maße seines Erlebens anzugeben.

Es ist so recht das Mysterium von dem knienden, von dem tiefknienden Menschen: daß er größer sei, seiner geistigen Natur nach, als der Stehende! welches in der Nacht gefeiert wird. Der Kniende, der sich ganz ans Knien gibt, verliert allerdings das Maß seiner Umgebung, selbst aufschauend, wüßte er nicht mehr zu sagen, was groß und was klein ist. Aber ob er gleich in seiner Abgebogenheit kaum die Höhe eines Kindes hat, so ist er, dieser Kniende, doch nicht klein zu nennen. Mit ihm verschiebt sich die Skala, denn er, indem er der eigentümlichen Schwere und Kraft in seinen Knien folgt, und die Stellung einnimmt, die sich zu ihnen hinbezieht, gehört bereits zu jener Welt, in der Höhe – Tiefe ist –, und wenn schon Höhe unserem Blick und unseren Apparaten unermeßlich bleibt –: wer ermäße die Tiefe? Dieses aber ist die Nacht der aufgetanen strahlenden Tiefe.

ICH STEH AN DEINER KRIPPE HIER

Paul Gerhardt

Ich steh an deiner Krippe hier,
o Jesu, du mein Leben;
ich komme, bring und schenke dir,
was du mir hast gegeben.
Nimm hin, es ist mein Geist und Sinn,
Herz, Seel und Mut, nimm alles hin
und lass dirs wohlgefallen.

Da ich noch nicht geboren war,
da bist du mir geboren
und hast mich dir zu eigen gar,
eh ich dich kannt, erkoren.
Eh ich durch deine Hand gemacht,
da hast du schon bei dir gedacht,
wie du mein wolltest werden.

Ich lag in tiefster Todesnacht,
du warest meine Sonne,
die Sonne, die mir zugebracht
Licht, Leben, Freud und Wonne.
O Sonne, die das werte Licht
des Glaubens in mir zugericht',
wie schön sind deine Strahlen!

Ich sehe dich mit Freuden an
und kann mich nicht satt sehen;
und weil ich nun nicht weiter kann,

bleib ich anbetend stehen.
O daß mein Sinn ein Abgrund wär
und meine Seel ein weites Meer,
daß ich dich möchte fassen.

Wann oft mein Herz vor Kummer weint
und keinen Trost kann finden,
rufst du mir zu: »Ich bin dein Freund,
ein Tilger deiner Sünden.
Was trauerst du, o Bruder mein?
Du sollst ja guter Dinge sein,
ich sühne deine Schulden.«

Du fragest nicht nach Lust der Welt,
noch nach des Leibes Freuden;
du hast dich bei uns eingestellt,
an unsrer Statt zu leiden,
suchst meiner Seelen Herrlichkeit
durch Elend und Armseligkeit;
das will ich dir nicht wehren.

Eins aber, hoff ich, wirst du mir,
mein Heiland, nicht versagen:
daß ich dich möge für und für
in, bei und an mir tragen.
So laß mich doch dein Kripplein sein;
komm, komm und lege bei mir ein
dich und all deine Freuden.

STILLE NACHT, HEILIGE NACHT

Joseph Mohr

Stille Nacht, heilige Nacht!
Alles schläft, einsam wacht
nur das traute, hochheilige Paar.
Holder Knabe im lockigen Haar,
schlaf in himmlischer Ruh, –
schlaf in himmlischer Ruh.

Stille Nacht, heilige Nacht!
Hirten erst kundgemacht,
durch der Engel Halleluja
tönt es laut von fern und nah:
Christ, der Retter, ist da! –
Christ, der Retter, ist da!

Stille Nacht, heilige Nacht!
Gottes Sohn, o wie lacht
Lieb aus deinem göttlichen Mund,
da uns schlägt die rettende Stund,
Christ, in deiner Geburt. –
Christ, in deiner Geburt.

Weihnachtslied.

Stille Nacht, heilige Nacht,
Alles schläft, einsam wacht
Nur das traute hochheilige Paar,
Holder Knabe im lockigen Haar,
Schlaf' in himmlischer Ruh.

DER WOLF AN DER KRIPPE

*E*s war einmal ein Wolf. Er lebte in der Gegend von Betlehem. Die Hirten wussten um seine Gefährlichkeit und waren allabendlich damit beschäftigt, ihre Schafe vor ihm in Sicherheit zu bringen. Stets hatte einer von ihnen Wache zu halten, denn der Wolf war hungrig und listig.

Es war in der heiligen Nacht. Eben war der wundersame Gesang der Engel verstummt.

Ein Kind sollte geboren worden sein, ein Knäblein. Der Wolf wunderte sich sehr, dass die rauhen Hirten allesamt hingingen, um ein Kind anzusehen. »Wegen eines neugeborenen Kindes solch ein Getue«, dachte der Wolf. Neugierig geworden und hungrig, wie er war, schlich er ihnen nach. Beim Stall angekommen, versteckte er sich und wartete.

Als sich die Hirten nach der Huldigung an das Jesulein von Maria und Josef verabschiedeten, hielt der Wolf seine Zeit für gekommen. Er wartete noch, bis Maria und Josef eingeschlafen waren; die ausgestandene Sorge und Freude über das Kind hatten ihre Lider schwer gemacht. »Um so besser«, dachte der Wolf, »ich werde mit dem Kind beginnen.« Auf leisen Pfoten schlich er in den Stall. Niemand bemerkte sein Kommen. Allein das Kind. Es blickte voll Liebe auf den Wolf, der Tatze vor Tatze setzend, sich lautlos an die Krippe heranschob. Er hatte den Rachen weit geöffnet, und die Zunge hing ihm heraus. Er war schrecklich anzusehen. Nun stand er dicht

94

neben der Krippe. »Ein leichtes Fressen«, dachte der Wolf und schleckte sich begierig die Lefzen. Er setzte zum Sprung an. Da berührte ihn behutsam und liebevoll die Hand des Jesuskindes. Das erste Mal in seinem Leben streichelte jemand sein hässliches, struppiges Fell, und mit einer Stimme, wie der Wolf sie noch nie vernommen, sagte das Kind: »Wolf, ich liebe dich.«

Da geschah etwas Unvorstellbares – im dunklen Stall von Betlehem platzte die Tierhaut des Wolfes – und heraus stieg ein Mensch. Ein wirklicher Mensch. So, wie Gott ihn von Anfang an gedacht. Der Mensch sank in die Knie, küsste die Hände des Kindes und betete es an.

Alsdann verließ er den Stall – lautlos wie er zuvor als Wolf gekommen – und ging in die Welt, um die erlösende Berührung des göttliches Kindes allen zu künden. Niemand hat gesehen, was sich in jener Nacht zugetragen, nur das Jesuskind und der Mensch-Gewordene wissen, was geschehen ist. Und die beiden wissen, dass dies noch immer geschieht an allen, die sich in ihrer Tierhaut der Krippe nahen und vom göttlichen Kind berühren lassen.

FRIEDE, FRIEDE! AUF DER ERDE!
Conrad Ferdinand Meyer

Da die Hirten ihre Herde
Ließen und des Engels Worte
Trugen durch die niedre Pforte
Zu der Mutter und dem Kind,
Fuhr das himmlische Gesind
Fort im Sternenraum zu singen,
Fuhr der Himmel fort zu klingen:
«Friede, Friede! auf der Erde!»

Seit die Engel so geraten,
O wie viele blut'ge Taten
Hat der Streit auf wildem Pferde,
Der geharnischte, vollbracht!
In wie mancher Heil'gen Nacht
Sang der Chor der Geister zagend,
Dringlich flehend, leis verklagend:
«Friede, Friede ... auf der Erde!»

Doch es ist ein ew'ger Glaube,
Dass der Schwache nicht zum Raube
Jeder frechen Mordgebärde
Werde fallen allezeit:
Etwas wie Gerechtigkeit
Webt und wirkt in Mord und Grauen
Und ein Reich will sich erbauen,
Das den Frieden sucht der Erde.

Mählich wird es sich gestalten,
Seines heil'gen Amtes walten,
Waffen schmieden ohne Fährde,
Flammenschwerter für das Recht,
Und ein königlich Geschlecht
Wird erblühn mit starken Söhnen,
Dessen helle Tuben dröhnen:
Friede, Friede auf der Erde!

WIßT IHR NOCH, WIE ES GESCHEHEN?

Hermann Claudius

Wißt ihr noch, wie es geschehen?
Immer werden wir's erzählen:
Wie wir einst den Stern gesehen
mitten in der dunklen Nacht.

Stille war es um die Herde.
Und auf einmal war ein Leuchten
und ein Singen ob der Erde,
daß das Kind geboren sei!

Eilte jeder, daß er's sähe
arm in einer Krippen liegen.
Und wir fühlten Gottes Nähe.
Und wir beteten es an.

Könige aus Morgenlanden
kamen reich und hoch geritten,
daß sie auch das Kindlein fanden.
Und sie beteten es an.

Und es sang aus Himmelshallen:
Ehr sei Gott! Auf Erden Frieden!
Allen Menschen Wohlgefallen,
welche guten Willens sind!

Immer werden wir's erzählen,
wie das Wunder einst geschehen
und wie wir den Stern gesehen
mitten in der dunklen Nacht.

WORÜBER DAS CHRISTKIND LÄCHELN MUSSTE

Karl Heinrich Waggerl

Als Josef mit Maria von Nazaret her unterwegs
war, um in Betlehem anzugeben, dass er von
David abstamme, was die Obrigkeit so gut wie unsereins
hätte wissen können, weil es ja längst geschrieben stand
– um jene Zeit also kam der Engel Gabriel heimlich noch
einmal vom Himmel herab, um im Stalle nach dem Rechten zu sehen. Es war ja sogar für einen Erzengel in sei-

ner Erleuchtung schwer zu begreifen, warum es nun der allererbärmlichste Stall sein musste, in dem der Herr zur Welt kommen sollte, und seine Wiege nichts weiter als eine Futterkrippe. Aber Gabriel wollte wenigstens noch den Winden gebieten, dass sie nicht gar zu grob durch die Ritzen pfiffen, und die Wolken am Himmel sollten nicht gleich wieder in Rührung zerfließen und das Kind mit ihren Tränen überschütten, und was das Licht in der Laterne betraf, so musste man ihm noch einmal einschärfen, nur bescheiden zu leuchten und nicht etwa zu blenden und zu glänzen wie der Weihnachtsstern.

Der Erzengel stöberte auch alles kleine Getier aus dem Stall, die Ameisen und Spinnen und die Mäuse, es war nicht auszudenken, was geschehen konnte, wenn sich die Mutter Maria vielleicht vorzeitig über eine Maus entsetzte! Nur Esel und Ochs durften bleiben, der Esel, weil man ihn später ohnehin für die Flucht nach Ägypten zur Hand haben musste, und der Ochs, weil er so riesengroß und faul war, dass ihn alle Heerscharen des Himmels nicht hätten von der Stelle bringen können.

Zuletzt verteilte Gabriel noch eine Schar Engelchen im Stall herum auf den Dachsparren, es waren solche von der kleinen Art, die fast nur aus Kopf und Flügeln bestehen. Sie sollten ja auch bloß still sitzen und Acht haben und sogleich Bescheid geben, wenn dem Kinde in seiner nackten Armut etwas Böses drohte. Noch ein Blick in die Runde, dann hob der Mächtige seine Schwingen und rauschte davon. Gut so. Aber nicht ganz gut, denn es saß noch ein Floh auf dem Boden der Krippe in der Streu und schlief. Dieses winzige Scheusal war dem Engel Gabriel entgangen, versteht sich, wann hatte auch ein Erzengel je mit Flöhen zu tun!

Als nun das Wunder geschehen war und das Kind lag leibhaftig auf dem Stroh, so voller Liebreiz und so rührend arm, da hielten es die Engel unterm Dach nicht mehr aus vor Entzücken, sie umschwirrten die Krippe wie ein Flug Tauben. Etliche fächelten dem Knaben balsamische Düfte zu und die anderen zupften und zogen das Stroh zurecht, damit ihn ja kein Hälmchen drücken oder zwicken möchte.

Bei diesem Geraschel erwachte aber der Floh in der Streu. Es wurde ihm gleich himmelangst, weil er dachte, es sei jemand hinter ihm her, wie gewöhnlich. Er fuhr in der Krippe herum und versuchte alle seine Künste und schließlich, in der äußersten Not, schlüpfte er dem göttlichen Kinde ins Ohr.

»Vergib mir!« flüsterte der atemlose Floh, »aber ich kann nicht anders, sie bringen mich um, wenn sie mich erwischen. Ich verschwinde gleich wieder, göttliche Gnaden, lass mich nur sehen, wie!«

Er äugte also umher und hatte auch gleich einen Plan.

»Höre zu«, sagte er, »wenn ich alle Kraft zusammennehme und wenn du still hältst, dann könnte ich vielleicht die Glatze des heiligen Josef erreichen, und von dort weg kriege ich das Fensterkreuz und die Tür...« »Spring nur!« sagte das Jesuskind unhörbar, »ich halte still!«

Und da sprang der Floh. Aber es ließ sich nicht vermeiden, dass er das Kind ein wenig kitzelte, als er sich zurechtrückte und die Beine unter den Bauch zog.

In diesem Augenblick rüttelte die Mutter Gottes ihren Gemahl aus dem Schlaf.

»Ach sieh doch!« sagte Maria selig, »es lächelt schon!«

EIN KURZ POETISCH CHRISTGEDICHT VOM OCHS UND ESELEIN BEI DER KRIPPEN

Friedrich Spee

Der Wind auf leeren Straßen
Streckt aus die Flügel sein,
Streicht hin gar scharf ohn Maßen
Zur Bethlems Krippe ein;
Er brummelt hin und wieder,
Der fliegend Winterbot,
Greift an die Gleich und Glieder
Dem frischvermenschten Gott.

Ach, ach, laß ab von Brausen,
Laß ab, du schnöder Wind,
Laß ab von kaltem Sausen
Und schon dem schönen Kind!
Vielmehr du deine Schwingen
Zerschlag im wilden Meer,
All da dich satt magst ringen,
Kehr nur nicht wieder her.

Mit dir nun muß ich kosen,
Mit dir, o Joseph, mein!
Das Futter misch mit Rosen
Dem Ochs und Eselein;
Mach deinen frommen Tieren
So lieblichs Mischgemüs,

Bald, bald, ohn Zeit verlieren,
Mach ihn den Atem süß.

Drauf blaset her, ihr beiden,
Mit süßem Rosenwind;
Ochs, Eslein wohl bescheiden
Und wärmets nacket Kind.
Ach blaset her und hauchet:
Aha, aha, aha!
Fort, fort, euch weidlich brauchet:
Aha, aha, aha!

FRÖHLICH SOLL
MEIN HERZE SPRINGEN
Paul Gerhardt

Fröhlich soll mein Herze springen
Dieser Zeit, da vor Freud alle Engel singen.
Hört, hört, wie mit vollen Choren
Alle Luft laute ruft:
Christus ist geboren!

Heute geht aus seiner Kammer
Gottes Held, der die Welt reißt aus allem Jammer.
Gott wird Mensch dir, Mensch, zu gute,
Gottes Kind das verbindet sich mit unserem Blute.

Nun er liegt in seiner Krippen,
Ruft zu sich mich und dich,
Spricht mit süßen Lippen:
Lasset fahrn, o liebe Brüder,
was euch quält, was euch fehlt;
Ich bring alles wieder.

Ei, so kommt und laßt uns laufen,
Stellt euch ein, groß und klein,
Eilt mit großen Haufen!
Liebt den, der vor Liebe brennet;
Schaut den Stern, der euch gern Licht und Labsal gönnet.

Die ihr schwebt in großen Leiden,
Sehet, hier ist die Tür zu den wahren Freuden;
Faßt ihn wohl, er wird euch führen
An den Ort, da hinfort euch kein Kreuz wird rühren.

Süßes Heil, laß dich umfangen,
Laß mich dir, meine Zier, unverrückt anhangen.
Du bist meines Lebens Leben;
Nun kann ich mich durch dich wohl zufrieden geben.

Ich will dich mit Fleiß bewahren;
Ich will dir leben hier,
Dir will ich abfahren;
Mit dir will ich endlich schweben,
Voller Freud, ohne Zeit dort im andern Leben.

DER TAG DER KINDER

Jeremias Gotthelf

*S*o kam Weihnacht heran, ein großer Tag im Volksleben wie im Leben der Menschheit. Es ist der Tag der Kinder. Durch ein Kind ward die sündige Welt gesühnt und geheiligt; darum bringen die Erwachsenen den Kindern Gaben dar, Dankopfer, sichtbare Zeichen heiliger Gelübde, an den Kindern zu vergelten, was ein Kind an ihnen getan. Die Kindern freuen sich inniglich, es ist ein Gefühl in ihnen, daß sie die Heiligen der Eltern seien. Wo keine Kinder sind, fehlt oft der kindliche Geist, der nach oben zieht; nur zu gerne bemächtigt sich die Materie in hunderterlei Gestalt der Menschen und zieht sie nach unten. Kinder bleiben die Mittler zwischen Gott und den Menschen, verbinden und sühnen die Menschen miteinander. Ohne Kinder wäre die Welt eine Wüste, die Wandernden würden erst zu Tieren werden, dann verschmachten. Wo Kinder nicht eine Gabe Gottes sind, jedes ein Zug nach oben, wo Kinder erst eine Last sind, später Diener der Selbstsucht, welche sich auch auf hundert Weisen formiert, werden sollen, da ist dem Volke der Himmel verhüllt, bei den Wurzeln fault es an.

Weihnacht ist alten Leuten, was den Weisen im Morgenlande der Stern, der ihnen den Heiland verkündete, sie auftrieb aus ihrer Ruhe, daß sie Schätze zusammenrafften, sich auf die Beine machten, um den König der Ehren zu suchen, ihn anzubeten. Weihnacht ist ihnen die heilige Nacht, welche sie weiht und stärkt, getrost zu treten in die

Nacht des Todes; denn sie verheißt ihnen, daß in der Todesnacht ihnen das ewige Licht geboren wird, welches leuchtet
zur Seligkeit. Und mit dem Kindlein, welches geboren wird,
steigt die Sonne höher, die Nacht nimmt ab statt zu, der Tag
mehret sich, und lieblicher wird es auf Erden.

DIE HEILIGE NACHT

Selma Lagerlöf

Als ich fünf Jahre alt war, hatte ich einen großen
Kummer. Ich weiß kaum, ob ich seitdem einen
größeren gehabt habe. Das war, als meine Großmutter
starb. Bis dahin hatte sie jeden Tag auf dem Ecksofa in
ihrer Stube gesessen und Märchen erzählt. Ich weiß es
nicht anders, als daß Großmutter dasaß und erzählte,
vom Morgen bis zum Abend, und wir Kinder saßen still
neben ihr und hörten zu. Das war ein herrliches Leben.
Es gab keine Kinder, denen es so gut ging wie uns.
Ich erinnere mich nicht an sehr viel von meiner Großmutter. Ich erinnere mich, daß sie schönes, kreidewei-
ßes Haar hatte und daß sie sehr gebückt ging und daß
sie immer dasaß und an einem Strumpf strickte.
Dann erinnere ich mich auch, daß sie, wenn sie ein
Märchen erzählt hatte, ihre Hand auf meinen Kopf zu
legen pflegte, und dann sagte sie: »Und das alles ist so
wahr, wie daß ich dich sehe und du mich siehst.«

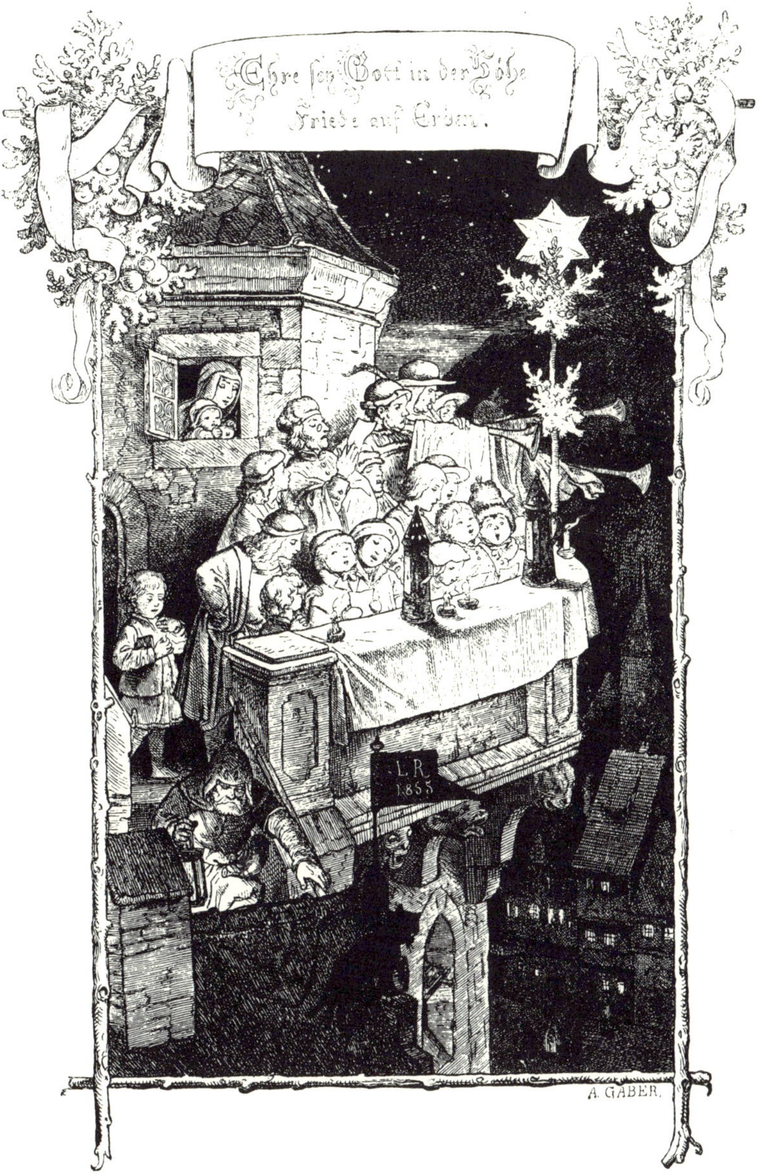

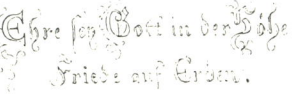

Ehre sey Gott in der Höhe
Friede auf Erden.
L. R.
1855
A. GABER.

Ich entsinne mich auch, daß sie schöne Lieder singen konnte, aber das tat sie nicht alle Tage. Eines dieser Lieder handelte von einem Ritter und einer Meerjungfrau, und es hatte den Kehrreim: »Es weht so kalt, es weht so kalt, wohl über die weite See.«

Dann entsinne ich mich eines kleinen Gebets, das sie mich lehrte, und eines Psalmverses.

Von allen Geschichten, die sie mir erzählte, habe ich nur eine schwache, unklare Erinnerung. Nur an eine einzige von ihnen erinnere ich mich so gut, daß ich sie erzählen könnte. Es ist eine kleine Geschichte von Jesu Geburt.

Seht, das ist beinahe alles, was ich noch von meiner Großmutter weiß, außer dem, woran ich mich am besten erinnere, nämlich dem großen Schmerz, als sie dahinging.

Ich erinnere mich an den Morgen, an dem das Ecksofa leer stand und es unmöglich war zu begreifen, wie die Stunden des Tages zu Ende gehen sollten. Daran erinnere ich mich. Das vergesse ich nie.

Und ich erinnere mich, daß wir Kinder hingeführt wurden, um die Hand der Toten zu küssen. Und wir hatten Angst es zu tun, aber da sagte uns jemand, daß wir nun zum letztenmal Großmutter für alle die Freude danken könnten, die sie uns gebracht hatte. Und ich erinnere mich, wie Märchen und Lieder vom Hause wegfuhren, in einen langen schwarzen Sarg gepackt, und niemals wiederkamen.

Ich erinnere mich, daß etwas aus dem Leben verschwunden war. Es war, als hätte sich die Tür zu einer ganzen schönen, verzauberten Welt geschlossen, in der wir früher frei aus und ein gehen durften. Und nun gab es niemand mehr, der sich darauf verstand, diese Tür zu öffnen.

Und ich erinnere mich, daß wir Kinder so allmählich lernten, mit Spielzeug und Puppen zu spielen und zu leben wie andere Kinder auch, und da konnte es ja den Anschein haben, als vermißten wir Großmutter nicht mehr, als erinnerten wir uns nicht mehr an sie.

Aber noch heute, nach vierzig Jahren, wie ich da sitze und die Legenden über Christus sammle, die ich drüben im Morgenland gehört habe, wacht die kleine Geschichte von Jesu Geburt, die meine Großmutter zu erzählen pflegte, in mir auf. Und ich bekomme Lust, sie noch einmal zu erzählen und sie auch in meine Sammlung aufzunehmen.

Es war an einem Weihnachtstag, alle waren zur Kirche gefahren, außer Großmutter und mir. Ich glaube, wir beide waren im ganzen Haus allein. Wir hatten nicht mitfahren können, weil die eine zu jung und die andere zu alt war. Und alle beide waren wir betrübt, daß wir nicht zum Mettegesang fahren und die Weihnachtslichter sehen konnten.

Aber wie wir so in unserer Einsamkeit saßen, fing Großmutter zu erzählen an.

»Es war einmal ein Mann«, sagte sie, »der in die dunkle Nacht hinausging, um sich Feuer zu leihen. Er ging von Haus zu Haus und klopfte an. ›Ihr lieben Leute, helft mir!‹, sagte er. ›Mein Weib hat eben ein Kindlein geboren, und ich muß Feuer anzünden, um es und den Kleinen zu erwärmen.‹

Aber es war tiefe Nacht, so daß alle Menschen schliefen, und niemand antwortete ihm.

Der Mann ging und ging. Endlich erblickte er in weiter Ferne einen Feuerschein. Da wanderte er dieser Richtung zu und sah, daß das Feuer im Freien brannte. Eine Menge weißer Schafe lag rings um das Feuer und schlief, und ein alter Hirt wachte über die Herde. Als der Mann, der Feuer leihen wollte, zu den Schafen kam, sah er, daß drei große Hunde zu Füßen des Hirten ruhten und schliefen. Sie erwachten alle drei bei seinem Kommen und sperrten ihre weiten Rachen auf, als ob sie bellen wollten, aber man vernahm keinen Laut. Der Mann sah, daß sich die Haare auf ihrem Rücken sträubten, er sah, wie ihre scharfen Zähne funkelnd weiß im Feuerschein leuchteten und wie sie auf ihn losstürzten. Er fühlte, daß einer nach seiner Hand schnappte und daß einer sich an seine Kehle hängte. Aber die Kinnladen und die Zähne, mit denen die Hunde beißen wollten, gehorchten ihnen nicht, und der Mann litt nicht den kleinsten Schaden.

Nun wollte der Mann weitergehen, um das zu finden, was er brauchte. Aber die Schafe lagen so dicht nebeneinander, Rücken an Rücken, daß er nicht vorwärts kommen konnte. Da stieg der Mann auf die Rücken der Tiere und wanderte über sie hin dem Feuer zu. Und keins von den Tieren wachte auf oder regte sich.«

Soweit hatte Großmutter ungestört erzählen können, aber nun konnte ich es nicht lassen, sie zu unterbrechen. »Warum regten sie sich nicht, Großmutter?« fragte ich.

»Das wirst du nach einem Weilchen schon erfahren«, sagte Großmutter und fuhr mit ihrer Geschichte fort. »Als der Mann fast beim Feuer angelangt war, sah der

Hirt auf. Es war ein alter, mürrischer Mann, der unwirsch und hart gegen alle Menschen war. Und als er einen Fremden kommen sah, griff er nach seinem langen, spitzigen Stab, den er in der Hand zu halten pflegte, wenn er seine Herde hütete, und warf ihn nach ihm. Und der Stab fuhr zischend gerade auf den alten Mann los, aber ehe er ihn traf, wich er zur Seite und sauste, an ihm vorbei, weit über das Feld.«

Als Großmutter soweit gekommen war, unterbrach ich sie abermals. »Großmutter, warum wollte der Stock den Mann nicht schlagen?« Aber Großmutter ließ es sich nicht einfallen, mir zu antworten, sondern fuhr mit ihrer Erzählung fort.

»Nun kam der Mann zu dem Hirten und sagte zu ihm: ›Guter Freund, hilf mir und leih mir ein wenig Feuer. Mein Weib hat eben ein Kindlein geboren, und ich muß Feuer machen, um es und den Kleinen zu erwärmen.‹ Der Hirt hätte am liebsten nein gesagt, aber als er daran dachte, daß die Hunde dem Mann nicht hatten schaden können, daß die Schafe nicht vor ihm davongelaufen waren und daß sein Stab ihn nicht fällen wollte, da wurde ihm ein wenig bange, und er wagte es nicht, dem Fremden das abzuschlagen, was er begehrte. ›Nimm, so viel du brauchst‹, sagte er zu dem Mann.

Aber das Feuer war beinahe ausgebrannt. Es waren keine Scheite und Zweige mehr übrig, sondern nur ein großer Gluthaufen, und der Fremde hatte weder Schaufel noch Eimer, worin er die roten Kohlen hätte tragen können. Als der Hirt dies sah, sagte er abermals: ›Nimm, so viel du brauchst!‹ Und er freute sich, daß der Mann kein Feuer wegtragen konnte. Aber der Mann beugte sich hinunter, holte die Kohlen mit bloßen Händen aus der Asche und legte sie in seinen Mantel. Und weder versengten die Kohlen seine Hände, als er sie berührte, noch versengten sie seinen Mantel, sondern der Mann trug sie fort, als wenn es Nüsse oder Äpfel gewesen wären.«

Aber hier wurde die Märchenerzählerin zum drittenmal unterbrochen. »Großmutter, warum wollte die Kohle den Mann nicht brennen?«

»Das wirst du schon hören«, sagte Großmutter, und dann erzählte sie weiter.

»Als dieser Hirt, der ein so böser, mürrischer Mann war, dies alles sah, begann er sich bei sich selbst zu wundern: Was kann dies für eine Nacht sein, wo die Hunde nicht beißen, die Schafe nicht erschrecken, der Stab nicht tötet und das Feuer nicht brennt? Er rief den Fremden zurück und sagte zu ihm: ›Was ist dies für eine Nacht? Und woher kommt es, daß alle Dinge dir Barmherzigkeit zeigen?‹

Das sagte der Mann: ›Ich kann es dir nicht sagen, wenn du selber es nicht siehst.‹ Und er wollte seiner Wege gehen, um bald ein Feuer anzünden und Weib und Kind wärmen zu können.

Aber da dachte der Hirt, er wolle den Mann nicht ganz aus dem Gesicht verlieren, bevor er erfahren hätte, was dies alles bedeutete. Er stand auf und ging ihm nach, bis er dorthin kam, wo der Fremde daheim war. Da sah der Hirt, daß der Mann nicht einmal eine Hütte hatte, um darin zu wohnen, sondern er hatte sein Weib und sein Kind in einer Berggrotte liegen, wo es nichts gab als nackte, kalte Steinwände.

Aber der Hirt dachte, daß das arme, unschuldige Kindlein vielleicht dort in der Grotte erfrieren würde, und obgleich er ein harter Mann war, wurde er davon doch ergriffen und beschloß, dem Kind zu helfen. Und er löste sein Ränzel von der Schulter und nahm daraus ein weiches weißes Schaffell hervor. Das gab er dem fremden Mann und sagte, er möge das Kind darauf betten.

Aber in demselben Augenblick, in dem er zeigte, daß auch er barmherzig sein konnte, wurden ihm die Augen geöffnet, und er sah, was er vorher nicht hatte sehen, und hörte, was er vorher nicht hatte hören können.

Er sah, daß rund um ihn ein dichter Kreis von kleinen, silberbeflügelten Englein stand. Und jedes von ihnen hielt ein Saitenspiel in der Hand, und alle sangen sie mit lauter Stimme, daß in dieser Nacht der Heiland geboren wäre, der die Welt von ihren Sünden erlösen solle.

Da begriff er, warum in dieser Nacht alle Dinge so froh waren, daß sie niemand etwas zuleide tun wollten. Und nicht nur rings um den Hirten waren Engel, sondern er sah sie überall. Sie saßen in der Grotte, und sie saßen auf dem Berg, und sie flogen unter dem Himmel. Sie kamen in großen Scharen über den Weg gegangen, und wie sie vorbeikamen, blieben sie stehen und warfen einen Blick auf das Kind.

Es herrschte eitel Jubel und Freude und Singen und Spiel, und das alles sah er in der dunklen Nacht, in der er früher nichts zu gewahren vermocht hatte. Und er wurde so froh, daß seine Augen geöffnet waren, daß er auf die Knie fiel und Gott dankte.«

Aber als Großmutter soweit gekommen war, seufzte sie und sagte: »Aber was der Hirte sah, das könnten wir auch sehen, denn die Engel fliegen in jeder Weihnachtsnacht unter dem Himmel, wenn wir sie nur zu gewahren vermögen.«

Und dann legte Großmutter ihre Hand auf meinen Kopf und sagte: »Dies sollst du dir merken, denn es ist so wahr, wie daß ich dich sehe und du mich siehst. Nicht auf Lichter und Lampen kommt es an, und es liegt nicht an Mond und Sonne, sondern was not tut, ist, daß wir Augen haben, die Gottes Herrlichkeit sehen können.«

ZUM AUFSAGEN IN DER WEIHNACHTSZEIT
Nikolaus Ludwig Graf von Zinzendorf

Ich bin ein kleines Kindelein,
und meine Kraft ist schwach,
ich möchte gerne selig sein
und weiß nicht, wie ich's mach.

Mein Heiland, du bist mir zugut
geworden auch ein Kind
und hast mich durch dein teures Blut
erlöst von aller Sünd.

Ach nimm mein ganzes Herz dir hin,
nimm's, lieber Heiland, an;
ich weiß, daß ich dein eigen bin,
und geb dir, was ich kann.

WEIHNACHTSABEND
Theodor Storm

Die fremde Stadt durchschritt ich sorgenvoll,
der Kinder denkend, die ich ließ zuhaus.
Weihnachten war's; durch alle Gassen scholl
der Kinder Jubel und des Markts Gebraus.

Und wie der Menschenstrom mich fortgespült,
drang mir ein heißes Stimmlein in das Ohr:
»Kauft, lieber Herr!« ein magres Händchen hielt
feilbietend mir ein ärmlich Spielzeug vor.

Ich schrak empor, und beim Laternenschein
sah ich ein bleiches Kinderangesicht;
weß Alter und Geschlecht es mochte sein,
erkannt ich im Vorübertreiben nicht.

Nur von dem Treppenstein, darauf es saß,
noch immer hört ich, mühsam, wie es schien,
»Kauft, lieber Herr!«, den Ruf ohn' Unterlaß;
doch hat wohl keiner ihm Gehör verliehn.

Und ich? – War's Ungeschick, war es die Scham,
am Weg zu handeln mit dem Bettelkind?
Eh meine Hand zu meiner Börse kam,
verscholl das Stimmlein hinter mir im Wind.

Doch als ich endlich war mit mir allein,
erfaßte mich die Angst im Herzen so,
als säß mein eigen Kind auf jenem Stein
und schrie nach Brot, indessen ich entfloh.

VOM CHRISTKIND
UND DER BÖSEN SCHLANGE
Jeremias Gotthelf

*D*ie Großmutter hatte gehustet und die Kinder hatten gespielt. Da kam unser ältestes Mädchen weinend gelaufen, und das kleine watschelte ihm nach, weinend, und das ältere dolmetschte ihren Schmerz: »Mutter, der Peterli hat Pfefferkuchen und will uns keine geben. Großmutter sagt, das Weihnachtskind habe sie ihm gebracht und nicht uns, wären wir nicht unartig, hätte es uns auch gebracht. Wir sind nicht unartig, geh, Mutter, lauf geschwind dem Weihnachtskind nach und sag ihm, wir seien keine, und es solle uns auch Pfefferkuchen bringen!«
Die Mutter fühlte die Bitte im Herzen, aber in mütterlicher Besonnenheit nahm sie die beiden Kinder auf die Knie, wischte ihnen die Tränen ab und bat sie, doch zu schweigen.
Bis sie das konnten, dauerte es lange. Da konnten sie endlich sagen: »Mutter, wir wollen schweigen, aber spring, spring.«
Da sagte die Mutter: »Das Weihnachtskind mit seinem Esel ist schon gar weit weg. Als es das Weinen hörte, fing es an gar sehr zu springen, denn das Weinen und Klagen mag es nicht vertragen, nachspringen mag ich ihm nimmer. Und jetzt muß ich zur Nacht kochen, und habe ich gekocht, hat das Weihnachtskind sicher schon seine ganze Ladung verbraucht.« »Aber Mutter, warum gab uns

das Weihnachtskind nicht auch Kuchen, als es dem Peterli gab? Damals weinten wir ja nicht«, sagten sie.

»Das Weihnachtskind wußte darum nicht, daß ihr auch da seiet, das erste Mal als es da war, war nur noch Peterli da«, antwortete Mädeli verlegen.

»Aber warum ließest du es ihm nicht sagen? Jetzt haben wir keinen Pfefferkuchen«, sagten sie und weinten wieder.

»Schweig, mein Kindlein, schweig«, sagte die Mutter, die keinen halben Batzen hatte, um den Lebkuchen nachzulaufen, »und wenn mein Kindlein schweigt, so will ich ihm was erzählen vom Weihnachtskind, woher es kömmt und wohin es geht.« Da schwiegen die Mädchen, lehnten ihre Köpfchen an der Mutter Brust und sahen ihr lauschend ins Auge. Die Mutter erzählte ihnen von einem frommen, frommen Kinde, das seinen Eltern nie Verdruß gemacht, nie mit seinen Geschwistern sich gezankt und geweint habe um nichts und wieder nichts. Alle Kinder habe das Kind gar lieb gehabt, und wenn es einem etwas zu Gefallen habe tun können, so sei dies seine größte Freude gewesen. Da habe einmal eine böse Schlange sich um viele, viele Kinder geschlungen und habe sie alle, alle fressen wollen.

Da sei das Kind gerade von ferne dazu gekommen und habe gesehen, wie die Schlange das Maul aufgetan, und wie es wie Feuer aus ihren Augen gefahren sei. Da habe das fromme Kind gar groß Erbarmen mit den anderen Kindern gehabt und sei herzu gesprungen und habe geschrien: »Friß, Schlange, friß mich, aber laß die andern gehen!« Da habe sich plötzlich die Schlange losgerollt, habe die anderen laufen lassen, sei auf das Kind gesprungen mit weit, weit offenem Maul und feurigen Augen, groß wie Pflugsräder. Und das Kind habe die Hände gefaltet und gebetet, die Augen zugetan und geglaubt, die Schlange habe es verschlungen in einem Schluck, und jetzt laufe sie davon oder fliege mit ihm durch die Lüfte. Da habe es endlich bei sich gedacht, es wolle doch die Augen auftun und sehen, wie es im Bauche einer Schlange sei. Und da sei es heiter und hell gewesen und eine Sonne habe geschienen, aber eine viel schönere als die, welche hier scheine, und auf den Armen eines Engels sei es gewesen, und der Engel habe gar hold und freundlich es angelächelt und ihm gesagt: es solle sich gar nicht fürchten, er führe es an einen gar schönen und guten Ort, wo es Freude haben werde, wie noch nie, und wo keine böse Schlange sei. Weit, weit sei er mit ihm geflogen, immer der schönen Sonne zu, so daß das arme Kind vor lauter Glanz die Augen wieder habe zutun müssen.

Da habe der Engel es endlich abgestellt in einem gar herrlichen Garten, wo lauter Dinge gewesen, die es nie gesehen, und wo es Blumen gesehen habe, schön wie Morgenrot und Abendrot, die einen Glanz gehabt, wie gewoben aus Sonnenschein und Mondeslicht. Und viele tausend Engel seien ihm zugesprungen und hätten ihm ihre Hände gegeben und ihm gesungen so schön, daß es ihn dünkte, der liebe Gott habe diese selbst singen gelehrt. Aber unter all den Engeln sei keins der Kinder gewesen, die es hier von der Schlange gerettet, keins, das es gekannt. Da habe es zu weinen angefangen und gejammert, es möchte doch zu seinen kleinen Kindern, sonst könnte ja vielleicht die Schlange sie doch noch fressen.

Da habe eine Stimme, die nicht von hierher, nicht von
dorther, sondern aus jeder Blume, aus Abendrot und
Morgenrot, aus Sonnenglanz und Mondschein zu kommen schien und die klang, wie Sonnenglanz klingen
muß, es gefragt: »Aber gefällt es dir hier denn nicht, es
ist doch so schön hier?«

»Ja«, habe das Kind geantwortet, »mir gefällt es hier,
aber ich muß doch zu meinen Brüdern und Schwestern
und den andern Kindern; was sollen die anfangen, wenn
sie mich nicht mehr haben? Aber wenn ich die mitbringen darf, dann will ich mit ihnen kommen und mich
freuen hier, o wie schön wäre das!«

Da habe es vernommen: das könne noch nicht sein; und
wieder habe es geweint, daß man die Hände unter ihm
hätte waschen können. »Liebes Kind!«, habe darauf die
Stimme gesagt, »weine nicht, hier oben darf nicht
geweint werden; aber wenn du nicht mehr weinen willst,

so soll dir erlaubt sein, daß du hinunter kannst zu den andern Kindern, kannst ihnen bringen Pfefferkuchen und andere gute Sachen, aber nur denen, die auch gut sind und alle die, denen du das Weinen abgewöhnen kannst, die will ich dann auch hierher nehmen, und dann kannst du ja immer bei ihnen sein, und alle sollt ihr mir lieb sein. Und die Stimme tat dem Kinde so wohl, daß es nie mehr weinte und schön ward, wie die anderen Engelein. Dann zog es auf die Welt und kramte den Kindern (beschenkte sie) und immer mehr nur denen, die nicht weinen ohne Not und Schmerz, und ein Kind nach dem andern konnte hinauf zu ihm und wurde dann auch ein Engel. Aber es gab immer wieder Kinder auf der Welt und immer mehr, und alle diese liebte es und wollte sie zu sich führen in seinen schönen, schönen Garten, der Himmel heißt. Da mußte es einen Esel anstellen, um all den schönen Kram zu bringen, und weil es zu so vielen Kinder muß, so kann es nur einmal im Jahr zu einem kommen. Zuweilen reicht seine Zeit nicht einmal dazu aus. Und wenn es gar viele Kinder zu besuchen hat oder viel Schnee ist, daß der Esel nicht recht durch kann, da nimmt es denn von den Kindern mit, die ihm die liebsten Engel geworden sind, und gibt einem jeden ein Eselein und Kram dazu, und die gehen auch seinen Kindern nach und berichten ihm, wo sie gute und wo sie böse Kinder angetroffen, und welche einst in seinen schönen Garten kommen werden. Darum, liebe Mädchen, seid lieb, dann kommen die lieben Engel auch zu euch, bringen euch Kram Jahr um Jahr, und nehmen euch einst mit in den schönen Garten.«

WEIHNACHTSLIED

Theodor Storm

Vom Himmel in die tiefsten Klüfte
Ein milder Stern herniederlacht;
Es brennt der Baum, ein süß' Gedüfte
Durchschwimmet träumerisch die Lüfte,
Und kerzenhelle wird die Nacht.

Mit ist das Herz so froh erschrocken,
Das ist die liebe Weihnachtszeit!
Ich höre fernher Kirchenglocken
Mich lieblich heimatlich verlocken
In märchenstille Herrlichkeit.

Ein frommer Zauber hält mich wieder,
Anbetend, staunend muß ich stehn;
Es sinkt auf meine Augenlider
Ein goldner Kindertraum hernieder,
Ich fühl's, ein Wunder ist geschehn.

GOTTES LICHT
Friedrich Rückert

Gekommen in die Nacht der Welt ist Gottes Licht;
wir sind daran erwacht und schlummern fürder nicht.

Wir schlummern fürder nicht den Weltbetäubungs-
    schlummer,
wir blicken, wach im Licht, aufs Nachtgrau ohne Kum-
    mer.

Wo ist der Nächte Graun? Es ist vom Licht bezwungen;
wir blicken mit Vertraun ins Licht, vom Licht durch-
    drungen.

Dass wir durchdrungen sind vom Lichte, dem wir
    dienen,
wir zeigen's dem Gesind der Nacht in unsern Mienen.

In hellen Mienen macht sich kund die Kraft des Herrn,
und wer nicht in der Nacht kann leuchten, ist kein
    Stern.

CHRISTTAG

Josef Viktor von Scheffel

Die alten Klänge hör' ich wieder schallen,
des Gottessohns Verherrlichung geweiht,
zu feiern jene gnadenreiche Zeit,
wo er als Mensch Erlösung bracht' uns allen.

Und wieder tret' ich in des Domes Hallen,
die enge Brust, sie wird mir wieder weit;
die ganze Jugend schau' ich wie erneut,
verkläret von des Glaubens milden Strahlen.

O tönet weiter, volle Friedenslieder!
Tönt in die Brust die alte Ruhe wieder,
ruft mir der Kindheit ersten Sinn zurück!

Und will er mich auch nimmer frisch durchglühen,
will er erlöschen in des Lebens Mühen,
so mahnt mich doch an das verklung'ne Glück!

BETRACHTUNGEN EINES GREISES ÜBER DIE WEIHNACHTSBESCHERUNGEN

Heinrich von Kleist

*J*n meines Vaters Hause hatte die Weihnachtsbescherung noch einen Reiz, den ich in diesen leichtfertigen Zeiten überall vermisse. Die Geschenke welche jedes von uns Kindern erhielt, waren nicht zu verachten: sie waren von der Mutter so fein und passend ausgedacht, daß keine Wünsche unerfüllt blieben. Aber die Hauptsache war, etwas das nicht geschenkt, womit weder gespielt noch was nützlich verbraucht wurde: ein bloßes Schaustück, das man uns nur einmal jährlich den Weihnachtsabend sehen ließ, und das dann in die Polterkammer, in den großen eichnen Schrank mit den gewundenen Füßen, wieder verschwand. –

Erwartet nichts besonderes! Es war die Geburt Christi, ein großes zierliches Schnitzwerk, mit allem Beiwesen der sonderbaren Geschichte, den Tieren an der Krippe, den Hirten mit ihren Schafen, den Engeln in der Luft, den drei magischen Königen, und vor allem mit dem Sterne über der Hütte, der mit einem Glanze strahlte, daß die Lichter auf den Geschenktischen trüb und freudenlos schienen. Hinter der herrlichen Vorstellung war an den Rollen der Fenstervorhänge befestigt eine große Tapete, die, mit goldnen und silbernen Sternen besät, oben und unten und nach allen Seiten das Schaustück umgab, und in die sich zuletzt der trunkne Blick der Kinder verlor, wie nachher nie wieder im Anblick des Himmels selbst.

Noch heut ist es die reizendste Erinnerung für mich, wie, in späteren Jahren, da ich schon hinter die Coulissen sehn durfte und bei dem herrlichen Bau für die jüngern Geschwister selbst angestellt war, an den Vorabenden des lustigsten Tages, wenn die Kinder schon schlafen gegangen waren, nun der blaue Vorhang hervorgezogen und für das bevorstehende Fest mit frischgeschnitzten goldnen und silbernen Sternen beklebt wurde.

Das große Schaustück stand an der Fensterwand in der Mitte, da wo an Werkeltagen der Spiegel hing, widerstrahlend von Gold, Grün und Weiß, und dreimal heller erleuchtet als die kleinen Tische die an den beiden Wänden, links mit den Geschenken für das Hausgesind und rechts mit denen für die Kinder, umherstanden. – Wenn wir von der unvergleichlichen Lust an dem himmlischen Bilde zurückkehrten zu der irdischen, handgreiflichen und schmackhaften Lust unsrer Tische, so schien uns die Welt zu gehören, und wenn auch, wie in den schlimmen Zeiten des Krieges, die ganze Bescherung nur in Äpfel, Nüssen und einigem Backwerk bestand, und wir in unsern Erwartungen noch so ungemessen gewesen waren.

Fühlt ihr wohl die große Weisheit der Väter in solchem Doppelgeschenk eines unerreichbaren, das immer in demselben Glanze wiederkehrte, und eines andern handgreiflichen von allerlei Brauchbarkeiten und Genießbarkeiten? – Fühlt ihr wohl, was ihr verloren habt, seitdem diese Bilderschrift heiliger Vorgänge, hervorgegangen aus dem Drange der Gemüter, denen das Wort und der Buchstabe des Ewigdenkwürdigen nicht genügte, als Aberglaube verfolgt werden. Nichts hat meine Seele aufgeklärt und erhoben, wie dieser Weihnachts-

Aberglaube. – Nachher ist die Freude immer trockener geworden.

Meiner Kinder haben nicht einmal Christmarkt, Christgeschenke sagen dürfen, und darüber habe ich mir selbst das dürre liebesleere Wort – Weihnachten – angewöhnt.

... Arme Kinder! Ihr werdet den Vorwitz und die Vermessenheit eurer Eltern büßen in der Kälte eures Herzens, da wo es sich entzünden müßte, für Gott, also für Vaterland und König, die heiligen Wesen die nur empfindet, wer Gott im Herzen trägt.

Jetzt zeigen sich reich aufgestapelt die Tische, und Lichter und außerdem die irdischen Geber, Vater und Mutter, sonst nichts! Und jeden neuen Weihnachten ist es ganz anders und eleganter: die Neigungen wechseln, die Begierden töten sich im albernen Wettlauf: nichts bleibt, nichts kehrt wieder; es gibt keinen Geber aller Geber, kein Geschenk aller Geschenke, und kein Bild, das nicht mit dem irdischen, handgreiflichen Glücke und mit dem Leben verlösche.

MORGEN KOMMT
DER WEIHNACHTSMANN

Heinrich Hoffmann von Fallersleben

Morgen kommt der Weihnachtsmann,
kommt mit seinen Gaben.
Wiege, Puppe, ei der Daus,
Zuckerzeug und Knusperhaus,
ja ein ganzes Puppenhaus
möcht ich gerne haben!

Bring uns, lieber Weihnachtsmann,
bring auch morgen, bringe
Eisenbahn und Roller her,
Baukästen und noch viel mehr,
Schokolade lieb ich sehr,
lauter schöne Dinge!

Doch du weißt ja unsern Wunsch,
kennst ja unsre Herzen.
Kinder, Vater und Mama,
auch sogar der Großpapa,
alle, alle sind wir da,
warten dein mit Schmerzen.

DAS GESCHENK
Wilhelm von Humboldt

Ich finde und habe immer gefunden,
dass sich ein Buch gerade vorzugsweise zu
einem freundschaftlichen Geschenk eignet.
Man liest es oft, man kehrt oft dazu zurück,
man naht sich ihm aber nur in
ausgewählten Momenten, braucht es nicht
wie eine Tasse, ein Glas, einen Hausrat
in jedem gleichgültigen Augenblick des
Lebens und erinnert sich so immer
des Freundes.

ALS ICH CHRISTTAGSFREUDE HOLEN GING
Peter Rosegger

An meinem zwölften Lebensjahre wird es gewesen sein, als am Frühmorgen des Christabends mein Vater mich an der Schulter rüttelte: Ich solle aufwachen und zur Besinnung kommen, er habe mir was zu sagen. Die Augen waren bald offen; aber die Besinnung! Als ich unter Mithilfe der Mutter angezogen war und bei der Frühsuppe saß, verlor sich die Schlaftrunkenheit allmählich, und nun sprach mein Vater: »Peter, jetzt höre, was ich dir sage! Da nimm einen leeren Sack, denn du wirst was heimtragen! Da nimm meinen Stecken, denn es ist viel Schnee, und da nimm eine Laterne, denn der Pfad ist schlecht und die Stege sind vereist! Du mußt hinabgehen nach Langenwang. Den Holzhändler Spreitzegger zu Langenwang, den kennst du; der ist mir noch immer das Geld schuldig, zwei Gulden und sechsundreißig Kreuzer für den Lärchbaum. Ich laß ihn bitten drum! Schön höflich anklopfen und den Hut abnehmen, wenn du in sein Zimmer trittst! Mit dem Geld gehst nachher zum Kaufmann Doppelreiter und kaufst zwei Maßel Semmelmehl und zwei Pfund Rindschmalz und um zwei Groschen Salz, und das tragst heim!«

Jetzt aber war auch meine Mutter zugegen, ebenfalls schon angekleidet, während meine sechs jüngeren Geschwister noch ringsum an der Wand in ihren Bettchen schliefen. Die Mutter, die redete drein wie folgt: »Mit Mehl und Schmalz und Salz allein kann ich kein Christtagsessen richten. Ich brauch dazu noch Germ (Bierhefe) um einen Groschen, Weinbeerln um fünf Kreuzer. Etliche Semmeln werden auch sein müssen.

»So kaufest es!«, setzte der Vater ruhig bei. »Und wenn dir das Geld zu wenig ist, so bittest den Herrn Doppelreiter, er möchte die Sachen derweil borgen, und zu Ostern, wenn die Kohlenraitung ist, wollt' ich schon fleißig zahlen. Eine Semmel kannst du unterwegs selber essen, weil du vor Abend nicht heimkommst. Und jetzt kannst gehen, es wird schon fünf Uhr, und daß du noch die Achte-Messe erlangst zu Langenwang!«

Das war alles gut und recht. Den Sack band mein Vater

mir um die Mitte; den Stecken nahm ich in die rechte Hand, die Laterne mit der frischen Unschlittkerze in die linke, und so ging ich davon, wie ich zu jeder Zeit in Wintertagen oft davongegangen war. Der durch wenige Fußgeher ausgetretene Pfad war holperig im tiefen Schnee, und es ist nicht immer leicht, nach den Fußstapfen unserer Vorderen zu wandeln, wenn diese zu lange Beine gehabt haben. Noch nicht dreihundert Schritte war ich gegangen, so lag ich im Schnee, und die Laterne, hingeschleudert, war ausgelöscht. Ich suchte mich langsam zusammen, und dann schaute ich die wunderschöne Nacht an. Anfangs war sie ganz grausam finster. Allmählich hub der Schnee an weiß zu werden und die Bäume schwarz, und in der Höhe war helles Sternengefunkel. In den Schnee fallen kann man auch ohne Laterne. So stellte ich sie seithin unter einen Strauch, und ohne Licht ging's nun besser als vorhin. In die Talschlucht kam ich hinab. Das Wasser des Fresenbachs war eingedeckt mit glattem Eise, auf welchem, als ich über den Steg ging, die Sterne des Himmels gleichsam Schlittschuh liefen.

Später war ein Berg zu übersteigen. Auf dem Passe, genannt der »Höllkogel«, stieß ich zur wegsamen Bezirksstraße, die durch Wald und Feld hinabführt in das Mürztal. In diesem lag ein weites Meer von Nebel, in welches ich sachte hineinkam, und die feuchte Luft fing an einen Geruch zu haben, sie roch nach Steinkohlen, und die Luft fing an fernen Lärm an mein Ohr zu tragen; denn im Tale hämmerten die Eisenwerke, rollte manchmal ein Eisenbahnzug über dröhnende Brücken.

Nach langer Wanderung ins Tal gekommen zur Landstraße klingelte Schlittengeschelle. Der Nebel ward grau und lichter, so daß ich die Fuhrwerke und Wandersleute, die für die Feiertage nach ihren Heimstätten reisten, schon auf kleine Strecken weit sehen konnte. Nachdem ich eine Stunde lang im Tal fortgegangen war, tauchte links an der Straße im Nebel ein dunkler Fleck auf, rechts war auch einer, linke mehrere, rechts eine ganze Reihe – das Dorf Langenwang.

Alles, was Zeit hatte, ging der Kirche zu; denn der Heilige Abend ist voller Vorahnung und Gottesweihe. Bevor noch die Musik anfing, schritt der hagere, gebückte Schulmeister durch die Kirche, musterte die Andächtigen, als ob er jemanden suche. Endlich trat er an mich heran und fragte leise, ob er ihm nicht die Orgel melken wolle, es sei der Messnerbub krank. Voll Stolz und Freude, also zum Dienste des Herrn gewürdigt zu sein, ging ich mit ihm auf den Chor, um bei der heiligen Messe den Blasebalg der Orgel zu ziehen. Während ich die langen Lederriemen abwechseln aus dem Kasten zog, in den jeder derselben allemal wieder langsam hineinkroch, orgelte der Schulmeister, und seine Tochter sang also:

»Tauet Himmel, den Gerechten!
Wolken, regnet ihn herab!
Also rief in bangen Nächten
Einst die Welt: ein weites Grab.
In von Gott verhaßten Gründen
Herrschten Satan, Tod und Sünden;
Fest verschlossen war das Tor
Zu dem Himmelreich empor.«

Ferner erinnere ich mich, an jenem Morgen nach dem Gottesdienste in der dämmerigen Kirche vor ein Heiligenbild hingekniet zu sein und gebetet zu haben um

Glück und Segen zur Erfüllung meiner bevorstehenden
Aufgabe. Das Bild stellt die vierzehn Nothelfer dar –
einer wird doch dabei sein, der zur Eintreibung von
Schulden behilflich ist. Es schien mir aber, als schiebe
während meines Gebetes auf dem Bilde einer sich
sachte hinter den anderen zurück.

Trotzdem ging ich guten Mutes hinaus in den nebligen
Tag, wo alles emsig war in Vorbereitung zum Feste, und
ging dem Hause des Holzhändlers Spreitzegger zu. Als
ich daran war, zur vorderen Tür hineinzugehen, wollte
der alte Spreitzegger, soviel ich mir später reimte, durch
die hintere Tür entwischen. Es wäre ihm gelungen,

wenn mir nicht im Augenblick geschwant hätte: Peter, geh nicht zur vorderen Tür ins Haus wie ein Herr, sei demütig, geh zur hinteren Tür hinein, wie es dem Waldbauernbuben geziemt! Und knapp an der hinteren Tür trafen wir uns.

»Ah, Bübel, du willst dich wärmen gehen«, sagte er mit geschmeidiger Stimme und deutete ins Haus; »na, geh dich nur wärmen! Ist kalt heut!« Und wollte davon.

»Mir ist nicht kalt«, antwortete ich »aber mein Vater lässt den Spreitzegger schön grüßen und bitten ums Geld!«

»Ums Geld? Wieso?« fragte er. »Ja, richtig, du bist der Waldbauernbub. Bist früh aufgestanden heute, wenn du schon den weiten Weg kommst. Rast nur ab! Und ich laß deinen Vater auch schön grüßen und glückliche Feiertage wünschen! Ich komm' ohnehin ehzeit einmal zu euch hinauf. Nachher wollen wir schon gleich werden.«

Fast verschlug's mir die Rede; stand doch unser ganzes Weihnachtsmahl in Gefahr von solchem Bescheid.

»Bitt' wohl von Herzen schön ums Geld; muß Mehl kaufen und Schmalz und Salz, und ich darf nicht heimkommen mit leerem Sack!« Er schaute mich starr an. »Du kannst es!« brummte er, zerrte in den Papieren, die wahrscheinlich nicht pure Banknoten waren, zog einen Gulden heraus und sagte: »Na, so nimm derweil das; in vierzehn Tagen wird dein Vater den Rest kriegen! Heute hab' ich nicht mehr.« Den Gulden schob er mir in die Hand, ging davon und ließ mich stehen.

Ich blieb aber nicht stehen, sondern ging zum Kaufmann Doppelreiter. Dort begehrte ich ruhig und gemessen, als ob ich nichts wäre, zwei Maßel Semmelmehl, zwei Pfund Rindschmalz, zu zwei Groschen Salz, um einen Groschen Germ, um fünf Kreuzer Weinbeerln, um fünf Groschen Zucker, um zwei Groschen Safran und um zwei Kreuzer Neugewürz. Der Herr Doppelreiter bediente mich selbst und machte mir alles hübsch zurecht, in Päckchen und Tütchen, die er dann mit Spagat zusammen in ein winziges Paket band und an den Mehlsack hing, daß ich das Ding über die Achsel tragen konnte, vorne ein Bündel und hinten ein Bündel.

Als das geschehen war, fragte ich mit einer nicht minder tückischen Rede als vorhin, was das alles zusammen ausmache. »Das macht drei Gulden und fünfzehn Kreuzer«, antwortete er mit Kreide im Mund.

»Ja, ist schon recht! erwiderte ich hierauf. »Da ist derweil ein Gulden, und das andere wird mein Vater, der Waldhofbauer in Alpl, zu Ostern zahlen.«

Schaute mich der bedauernswerte Mann an und fragte höchst ungleich: »Zu Ostern? In welchem Jahre?«

»Na nächst' Ostern, wenn die Kohlenraitung ist!«

Nun mischte sich die Frau Doppelreiter, die andere Kunden bediente, drein und sagte: »Laß ihm's nur, Mann! Der Waldbauer hat schon öfter auf Borg genommen und nachher allemal ordentlich bezahlt. Laß ihm's nur!«

»Ich laß ihm's ja, werd' ihm's nicht wieder wegnehmen«, antwortete der Doppelreiter. Das war doch ein bequemer Kaufmann! Jetzt fielen mir auch die Semmeln ein, welche meine Mutter noch bestellt hatte.

»Kann man da nicht auch noch fünf Semmeln haben?« fragte ich.

»Semmeln kriegt man beim Bäcker«, sagte der Kaufmann. Das wußte ich nun gleichwohl, nur hatte ich mein Lebtag nichts davon gehört, daß man ein paar Semmeln auf

Borg nimmt. Daher vertraute ich der Kaufmännin, die sofort als Gönnerin zu betrachten war, meine vollständige Zahlungsunfähigkeit an. Sie gab mir zwei bare Groschen für Semmeln, und als sie nun beobachtete, wie meine Augen mit den reiffeuchten Wimpern fast unlösbar an den gedörrten Zwetschgen hingen, die sie einer alten Frau in den Korb tat, reichte sie mir auch noch eine Handvoll dieser köstlichen Sachen zu: »Unterwegs zum Naschen!«

Nicht lange hernach, und ich trabte, mit meinen Gütern reich und schwer bepackt, durch die breite Dorfgasse dahin. Überall in den Häusern wurde gemetzgert, gebacken, gebraten, gekellert; ich beneidete die Leute nicht; ich bedauerte sie vielmehr, daß sie nicht ich waren, der mit so großem Segen beladen gen Alpl zog. Das wird morgen ein Christtag werden! Denn die Mutter kann's, wen sie Sachen hat. Ein Schwein ist ja auch geschlachtet worden daheim. Das gibt Fleischbrühe mit Semmelbrocken, Speckflecke, Würste, Nierenlümperln, Knödelfleisch mit Kren; dann erst die Krapfen, die Zuckernudeln, das Schmalzkoch mit Weinbeerln und Safran! – Die Herrenleut' da in Langenwang haben so was alle Tag. Das ist nichts. Aber wir haben es im Jahr einmal und mit unverdorbenem Magen dazu, das ist was! – Und doch dachte ich auf diesem belasteten Freudenmarsch weniger noch ans Essen als an das liebe Christkind und sein hochheiliges Fest. Am Abend, wenn ich nach Hause komme, werde ich aus der Bibel schon vorlesen; die Mutter und die Magd Mirzel werden Weihnachtslieder singen; dann, wenn es zehn Uhr wird, werden wir uns aufmachen nach Sankt Kathrein und in der Kirche die

feierliche Christmette begehen bei Glocken, Musik und unzähligen Lichtern. Und am Seitenaltar ist das Krippel aufgerichtet mit Ochs und Esel und den Hirten und auf dem Berg die Stadt Bethlehem und darüber die Engel, singend: »Ehre sei Gott in der Höhe!« Und beim Heimgehen werde ich mich nicht wieder verirren wie dazumal, als mich die Mooswaberl hat müssen heimbringen. – Solche Gedanken trugen mich anfangs wie Flügel. Doch als ich eine Weile die schlittenglatte Landstraße dahingegangen war, unter den Füßen knirschenden Schnee, mußte ich mein Doppelbündel schon einmal wechseln von einer Achsel auf die andere. In der Nähe des Wirtshauses »Zum Sprengzaun« fuhr mir etwas Vierspänniges vor, ein leichtes Schlittlein, mit vier feurigen, hoch auf gefederten Rappen bespannt, auf dem Bock ein Kutscher mit glänzenden Knöpfen und einem Buttenhut. Der Kaiser? Nein, der Herr Wachtler vom Schlosse Hohenwang saß im Schlitten, über und über in Pelze gehüllt und eine Zigarre schmauchend. Ich blieb stehen, schaute dem blitzschnell vorrüberrutschenden Zug eine Weile nach und dachte: Etwas krumm ist es schon eingerichtet auf der Welt! Da sitzt ein starker Mann drin und läßt sich hinziehen mit soviel überschüssiger Kraft, und ich vermag mein Bündel kaum zu schleppen.
Mittlerweile war es Mittagszeit geworden. Durch den Nebel war die milchweiße Scheibe der Sonne zu sehen. Sie war nicht hoch an dem Himmel hinaufgestiegen; denn um vier Uhr wollte sie ja wieder unten sein, zur langen Christnacht. Ich fühlte in meinen Beinen manchmal so ein heißes Prickeln, das bis in die Brust aufstieg. Es zitterten mir die Glieder. Nicht weit von der Stelle, wo

der Weg nach Alpl abzweigt, stand ein Kreuz mit dem lebensgroßen Bilde des Heilands. Es stand, wie es heute noch steht: an seinem Fuß Johannes und Magdalena, das Ganze mit einem Bretterverschlag verwahrt, so daß es wie eine Kapelle war. Vor dem Kreuze auf die Bank, die für kniende Beter bestimmt ist, setzte ich mich nieder, um Mittag zu halten. Eine Semmel, die gehörte mir. Meine Neigung zu ihr war so groß, daß ich sie am liebsten in wenigen Bissen verschluckt hätte. Allein das schnelle Schlucken ist nicht gesund. Das wußte ich von anderen Leuten. Und das langsame Essen macht einen längeren Genuß. Das wußte ich schon von mir selber. Also beschloß ich, die Semmel recht gemächlich und bedächtig zu genießen und dazwischen manchmal eine gedörrte Zwetschge zu naschen. Es war eine sehr köstliche Mahlzeit. Wenn ich heute etwas recht Gutes haben will, was kostet das für außerordentliche Anstrengungen aller Art! Ach, wenn man nie einen Mangel zu leiden hat, wie wird man da arm!

Und wie war ich so reich damals, als ich arm war. Als ich nach der Mahlzeit mein Doppelbündel wieder auflud, war's ein Spaß mit ihm. Flink ging es voran. Nur nicht allzulange. Als ich später in die Bergwälder hinaufkam und der graue Nebel dicht in den schneebeschwerten Bäumen hing dacht ich an den Grabler-Hansel. Das war ein Kohlenführer, der täglich von Alpl seine Fuhr' ins Mürztal lieferte. Wenn er auch heute gefahren wäre! Und wenn er jetzt heimwärts mit dem leeren Schlitten des Weges käme und mir das Bündel auflüde! Und am Ende gar mich selber! Daß es so heiß sein kann im Winter. Mitten in Schnee und Eisschollen schwitzen! Doch morgen wird alle Mühsal vergessen sein. – Derlei Gedanken und Vorstellung verkürzten mir unterwegs die Zeit.

Auf einmal roch ich starken Tabakrauch. Knapp hinter mir ging, ganz leise auftretend, der »Grüne Kilian«. Der Kilian war früher einige Zeit lang Forstgehilfe in den gewerkschaftlichen Waldungen gewesen. Jetzt war er's nicht mehr und wohnte mit seiner Familie in einer Hütte drüben in der Fischbacher Gegend. Nun ging er nach Hause. Er hatte seinen Korb auf dem Rücken, an dem er nicht schwer zu tragen schien. Sein Gewand war noch ein jägermäßiges, aber hübsch abgetragen, und sein schwarzer Vollbart ließ nicht viel sehen von seinem fahlen Gesicht. Als ich ihn bemerkt hatte, nahm er die Pfeife aus dem Mund, lachte laut und sagte: »Wo schiebst denn hin, Bub?«

»Heimzu«, meine Antwort.

»Was schleppst denn?«

»Sachen für den Christtag.«

»Gute Sachen, der Tausendsapperment! Wem gehörst denn zu?«

»Dem Waldbauern.«

»Zum Waldbauern willst gar hinauf? Da mußt gut antauchen.«

»Tu's schon«, sagte ich und tauchte an.

»Nach einem solchen Marsch wirst gut schlafen bei der Nacht«, sprach der Kilian, mit mir gleichen Schritt haltend. »Heut wird nicht geschlafen bei der Nacht, heut ist Christnacht.«

»Was willst denn sonst tun, als schlafen bei der Nacht?«

»Nach Kathrein in die Mette gehen.«

»Nach Kathrein?« fragte er. »Den weiten Weg?«

»Um zehn Uhr abends gehen wir von Haus fort, und um drei Uhr früh sind wir wieder daheim.«

Der Kilian biß in sein Pfeifenrohr und sagte: »Na, hörst du, da gehört viel Christentum dazu. Beim Tag ins Mürztal und bei der Nacht in die Mette nach Kathrein! Soviel Christentum hab' ich nicht; aber das sage ich dir doch: wenn du dein Bündel in meinen Buckelkorb tun willst, daß ich es dir eine Zeitlang trag' und du dich ausrasten kannst, so hast ganz recht; warum soll der alte Esel nicht auch einmal tragen!«

Damit war ich einverstanden, und während mein Bündel in seinen Korb sank, dachte ich: Der Grüne Kilian ist halt doch ein besserer Mensch als man sagt!

Dann rückten wir wieder an. Ich huschte frei und leicht neben ihm her. »Ja, ja, Weihnachten!« sagte Kilian fauchend, »da geht's halt drunter und drüber. Da reden sich die Leut' in eine Aufregung und Frömmigkeit hinein, die gar nicht wahr ist. Im Grund ist der Christtag wie jeder andere Tag, nicht einen Kropf anders. Der Reiche, ja, der hat jeden Tag Christtag: unsereiner hat jeden Tag Karfreitag.« »Der Karfreitag ist auch schön", war meine Meinung.

»Ja, wer genug Fische und Butter und Eier und Kuchen und Krapfen hat zum Fasten!« lachte der Kilian.

Mir kam sein Reden etwas heidentümlich vor. Doch was er noch weiter sagte, das verstand ich nicht mehr; denn er hatte angefangen, sehr heftig zu gehen, und ich konnte nicht recht nachkommen. Ich rutschte auf dem glitschigen Schnee mit jedem Schritt ein Stückchen zurück. Der Kilian hatte Fußeisen angeschnallt, hatte lange Beine, war nicht abgemattet – da ging's freilich voran.

»Herr Kilian!« rief ich.

Er hörte es nicht. Der Abstand zwischen uns wurde immer größer. Bei Wegbiegungen verschwand er mir manchmal ganz aus den Augen, um nachher wieder in größerer Entfernung, halb schon von Nebeldämmerung verhüllt, aufzutauchen. Jetzt wurde mir bang um mein Bündel. Kamen wir doch schon dem Höllkogl nahe. Das ist jene Stelle, wo der Weg nach Alpl und der Weg nach Fischbach sich gabeln. Ich hub an zu laufen. Im Angesicht der Gefahr war alle Müdigkeit dahin. Ich lief wie ein Hündlein und kam ihm immer näher. Was wollte ich aber anfangen, wenn ich ihn eingeholt hätte, wenn ihm der Wille fehlte, die Sachen herzugeben, und mir die Kraft, sie zu nehmen? Das kann ein schönes Ende werden mit diesem Tage; denn die Sachen lasse ich nicht im Stich, und sollte ich ihm nachlaufen müssen bis hinter den Fischbacher Wald zu seiner Hütte! Als wir denn beide so merkwürdig schnell vorwärtskamen, holten wir ein Schlittengespann ein, das vor uns mit zwei grauen Ochsen und einem schwarzen Kohlenführer langsam des Weges schlich. Der Grabler-Hansel! Mein »Grüner Kilian« wollte schon an dem Gespann vorüberhuschen, da schrie ich von hinten her aus

141

Leibeskräften: »Hansel, Hansel! Sei so gut, leg mir meine Christsachen auf den Schlitten! Der Kilian hat sie im Korb, er soll sie dir geben!« Mein Geschrei muß wohl sehr angstvoll gewesen sein; denn der Hansel sprang sofort von seinem Schlitten und nahm eine tatbereite Haltung an.

Und wie der Kilian merkte, ich hätte hier einen Bundesgenossen, riß er sich den Korb vom Rücken und schleuderte das Bündel auf den Schlitten. Noch knirschte er etwas von »dummen Bären« und »Undankbarkeit«; dann war er auch schon davon.

Der Hansel rückte das Bündel zurecht und fragte, ob man sich draufsetzen dürfe. Das bat ich nicht zu tun.

So tat er's auch nicht. Wir setzten uns hübsch nebeneinander auf den Schlitten, und ich hielt auf dem Schoß sorgfältig mit beiden Händen die Sachen für den Christtag. So kamen wir endlich nach Alpl. Als wir zur ersten Fresenbrücke gekommen waren, sagte der Hansel zu den Ochsen »Oha!« und zu mir »So!« Die Ochsen verstanden und blieben stehen. Ich verstand nicht und blieb sitzen; aber nicht mehr lange; es war so zum Aussteigen, denn der Hansel mußte links in den Graben hinein und ich rechts den Berg hinauf.

«Dank dir's Gott, Hansel!«

«Ist schon gut, Peter!«

Zur Zeit, da ich mit meiner Last den steilen Berg hinansteig gegen mein Vaterhaus, begann es zu dämmern und zu schneien. Und zuletzt war ich doch daheim.

«Hast alles?« fragte die Mutter am Kochherd mir entgegen.

«Alles!«

«Brav bist. Und hungrig wirst sein.«

Beides ließ ich gelten. Sogleich zog die Mutter mir die

klinghart gefrorenen Schuhe von den Füßen; denn ich
wollte, daß sie frisch eingefettet würden für den nächt-
lichen Mettengang. Dann setzte ich mich in der warmen
Stube zum Essen.

Aber siehe, während des Essens geht es zu Ende mit
meiner Erinnerung! – Als ich wieder zu mir kam, lag ich
wohlausgeschlafen in meinem warmen Bette, und zum
kleinen Fenster herein schien die Morgensonne des
Christtages.

WIE BIN ICH FROH
Verfasser unbekannt

Wie bin ich froh, wenn Weihnacht ist,
dann hat Geburtstag Jesus Christ.
Dann öffnet sich in Lob und preis
die Tür zum Paradeis.

Die Mutter zündet Lichter an,
das Dunkel nicht mehr schrecken kann.
Sie sagt: »So glänzte einst der Stern
zum Kommen unsres Herrn.«

Sie sagt: »Er scheint in jedes Haus
auch heute noch und löscht nicht aus.«
Ihr Menschen, seht – und seid nicht blind –
den Stern vom Heil'gen Kind.

SCHENKEN UND BEREUEN

Sebastian Brant

Der ist ein Narr, der schenket Gut
Und es nicht gibt mit frohem Mut
Und dazu sauer und böse sieht,
Daß keinem Liebes damit geschieht;
Denn der verliert wohl Dank wie Gabe,
Wer so bedauert verschenkte Habe.
So ist auch der, der etwas schenkt,
Dabei an Gottes Willen denkt,
Und doch hat Reu und Leid davon,
Wenn Gott ihm nicht gleich gibt den Lohn.
Wer will mit Ehren Geschenke machen,
Der tu's als guter Geselle mit Lachen
Und sprech nicht: »Zwar, ich tu's nicht gern!«,
Will er nicht Dank und Lohn entbehrn.
Denn Gott sieht dessen Gab nicht an,
Der nicht mir Freuden schenken kann;
Das Seine mag jeder behalten wohl,
Zum Schenken man niemand zwingen soll;
Allein aus freiem Herzen kommt
Geschenk, das einem jeden frommt.
Der Dank gar selten verlorengeht;
Wenn er zuweilen auch kommt spät,
So pflegt sich alles doch zu schlichten
Und nach der Ordnung einzurichten.
Mag einer keinen Dank auch sagen,
So find't man gegen solch Betragen
Bald einen dankbar weisen Mann,

Der alles wohl vergelten kann.
Doch wer *vorhält* geschenkte Gaben,
Der will den Händedruck nicht haben
Und will nicht *warten* aufs Vergelten;
Geschenk vorrücken muß man schelten.
Den sieht man über die Achseln an,
Wer seine Wohltat vorhalten kann:
Er selbst gewinnt nicht mehr daran.

NOCH EINMAL EIN WEIHNACHTSFEST
Theodor Fontane

Noch einmal ein Weihnachtsfest,
Immer kleiner wird der Rest,
Aber nehm' ich so die Summe,
Alles Grade, alles Krumme,
Alles Falsche, alles Rechte,
Alles Gute, alles Schlechte –
Rechnet sich aus all dem Braus
Doch ein richtig Leben raus.
Und dies können ist das Beste
Wohl bei diesem Weihnachtsfeste.

HEILIGABEND

Theodor Fontane

*A*ls die Bewohner des Herrenhauses die Kirche betraten, begann eben der Gesang der Gemeinde. Eine schmale Treppe, an einem der kleinen Seiteneingänge ausmündend, führte zu dem herrschaftlichen Stuhle hinauf. Dieser, ein auf Pfeilern ruhender, sehr einfacher Holzbau, war ursprünglich durch hohe Schiebefenster geschlossen gewesen, längst aber waren diese beseitigt, und nur noch zwei schmale Bretter, die von der Brüstung bis zur vollen Höhe der Decke aufstiegen, teilten den Raum in drei große Rahmen ab. Vorn an der Wandung war das Vitzewitzsche Wappen angebracht, ein Andreaskreuz, weiß auf rotem Grunde.

In Front dieses herrschaftlichen Stuhles, hart an der Brüstung hin, nahmen die Eintretenden geräuschlos Platz: erst Berndt von Vitzewitz, links neben ihm Renate, dann Tante Schorlemmer. Lewin stellte seinen Stuhl in die zweite Reihe. So vernachlässigt alles war, so war es doch nicht ohne einen gewissen Reiz. Gleich zur Rechten Altar und Kanzel; in Front des Altars das Taufbecken, eine silberne mit allegorischen Figuren und unentzifferbaren Inschriften reich ausgeschmückte Schüssel, die nur mit großer Mühe vor den Händen des Feindes gerettet worden war. An der Wand gegenüber das vorerwähnte Marmordenkmal des alten Matthias und seiner Gemahlin. Das beste aber, was dieser unscheinbaren Stelle eigen war, war doch das große, fast einen Halbkreis bildende Fenster, das einen Blick auf den Kirchhof und weiter hügelabwärts auf einzelne zerstreute, wie Vorpfosten aufgestellte Hütten und Häuser des Dorfes gestattete. Neben diesem Fenster, hart an der Kirchwand, stand ein Eibenbaum, der von der Seite her die längsten seiner Zweige vorschob und regelmäßig an die Scheiben klopfte, wen Pastor Seidentopf seine dreigeteilte Predigt den Hohen-Vietzern ans Herz legte. Lewin setzte sich immer so, daß er einen Blick auf das Fenster frei hatte. Er stand wohl fest auf dem Catechismo Lutheri, wie alle Vitzewitze, aber da war doch ein anderes in ihm, das ihn von Zeit zu Zeit trieb, mehr auf den Eibenbaum draußen als auf die Stimme von der Kanzel her zu achten, wäre diese Stimme auch mächtiger gewesen, als die seines alten Lehrers und Freundes, dem die sonntägliche Erbauung oblag.

Die Sonne schien hell, und ein einfallendes Streiflicht erleuchtete in plötzlichem Glanz die halbe Nordwand, vor allem das große Grabdenkmal dem herrschaftlichen Chorstuhl gegenüber. Die lebensgroßen Figuren waren wie von rosigem Leben angehaucht. Lewin hatte die Schönheit dieses Bildwerks nie so voll empfunden; er las die langen Inschriften, wie er sich gestand, zum erstenmal.

Der Gesang schwieg; schon während des letzten Verses war Prediger Seidentopf auf die Kanzel getreten, ein Sechziger, mit spärlichem weißem Haar, von würdiger Haltung und mild im Ausdruck seiner Züge. Lewin hing an der wohltuenden Erscheinung, senkte dann den Blick und folgte in andächtiger Betrachtung dem stillen Gebet. Die Gemeinde tat ein Gleiches, neigte sich und schaute voll herzlichem Verlangen zu ihrem Geistlichen auf, als dieser sein Gebet beendet und sein Haupt wiederum erhoben hatte. Denn die Gemüter waren damals offen für Trost und Zuspruch von der Kanzel her und rechneten nicht nach, ob die Worte lutherisch oder kalvinistisch klangen, so sie nur aus einem preußischen Herzen kamen. Das wußte Seidentopf, der in gewöhnlichen Zeiten manche Widersacher unter den strenggläubigen Konventiklern seines Dorfes zu bekämpfen hatte, und ein heller Glanz, wie ihn ihm die innere Freude gab, umleuchtete seine Stirn, als er nach Lesung des Evangeliums die Textesworte zu erklären begann. Er sprach von dem Engel des Herrn, der den Hirten erschien, um ihnen die Geburt eines neuen Heiles zu verkünden. Solche Engel, so fuhr er fort, sende Gott zu allen Zeiten, vor allem dann, wenn die Nacht der Trübsal auf den Völkern läge. Und eine Nacht der Trübsal sei auch über dem Vaterlande; aber ehe wir es dächten, würde inmitten unsers Bangens der Engel erscheinen und uns zurufen: »Fürchtet euch nicht, siehe, ich verkündige euch große Freude.« Denn das Gericht des Herrn habe unsere Feinde getroffen, und wie damals die

Wasser zusammenschlugen und »bedeckten Wagen und Reiter und alle Macht des Pharao, daß nicht einer aus ihnen übrigblieb«, so sei es wiederum geschehen ...

Nun war der Sand durch die Uhr gelaufen, die Predigt selbst geschlossen. Da trat der Pastor noch einmal an den Rand der Kanzel, und mit eindringlicher Stimme, der sofort alle Herzen wieder zufielen, hob er an: »Mit Christi Geburt, die wir heute feiern, beginnt das christliche neue Jahr. Ein neues Jahr; was wird es uns bringen? Es wissen zu wollen, wäre Torheit; aber zu hoffen ist unserem Herzen erlaubt. Gott hat ein Zeichen gegeben; mögen wir es zum Rechten deuten, wenn wir es deuten: er will uns wieder aufrichten, unsere Buße ist angenommen, unsere Gebete sind erhört. Die Geißel, die nach seinem Willen sechs lange Jahre über uns war, er hat sie zerbrochen; er hat sich unserer Knechtschaft erbarmt, und die Weihnachtssonne, die uns umscheint, sie will uns verkündigen, daß wieder hellere Tage unserer harren. Ob sie kommen werden mit Psalmen, oder ob sie kommen werden mit Schwerterklang, wer sagt es? Wohl mischt sich ein Bangen in unsere Hoffnung, daß der Sieg nicht einziehen wird ohne letzte Opfer an Gut und Blut. Und so laßt uns dann beten, meine Freunde, und die Gnade des Herrn noch einmal anrufen, dass er uns die rechte Kraft leihen möge in der Stunde der Entscheidung. Das Wort des Judas Makkabäus sei unser Wort: ›Das sei ferne, daß wir fliehen sollten. Ist unsere Zeit kommen, so wollen wir ritterlich sterben um unserer Brüder willen und unsere Ehre nicht lassen zuschanden werden.‹ Gott will kein Weltenvolk, Gott will keinen Babelturm, der in den Himmel ragt, und wir stehen ein für seine ewigen Ordnungen, wenn wir einstehen *für uns selbst.*

Unser Herd, unser Land sind Heiligtümer nach dem Willen Gottes. Und seine Treue wird uns nicht lassen, wenn *wir* getreu sind bis in den Tod. Handeln wir, wenn die Stunde da ist, aber bis dahin harren wir in Geduld.« Er neigte sich jetzt, um in Stille das Vaterunser zu sprechen; die Orgel fiel mit feierlichen Klängen ein; die Gemeinde, sichtlich erbaut durch die Schlußworte, verließ langsam die Kirche. Auf den verschiedenen Schlängelwegen, die von der Kirche ins Dorf herniederführten, schritten die Bauern und die Halbbauern ihren halbverschneiten Höfen zu. Die Frauen und Mädchen folgten. Wer von der Dorfstraße aus diesem Herabsteigen zusah, dem erschloß sich ein anmutiges Bild: der Schnee, die wendischen Trachten und die funkelnde Sonne darüber.

CHRISTBESCHERUNG
Eduard Mörike

Der Nussbaum spricht:
Heut sieht man Büblein, Mägdlein warten
Auf einen schönen Christkindgarten.
Da stellt man in die Mitt hinein
Ein Tannenreis in Lichterschein,
Und hängt viel Naschwerk, Marzipan,
Auch sogar güldne Nüß daran.

Doch sind die Nüsse dürr und alt,
Die grünen Zweige welken bald,
Das Bäumlein kann halt nicht verhehlen,
Daß Leben ihm und Wurzel fehlen.
Ein kluges Kind hat das bald weg,
Und ist nur gessen erst der Schleck,
Dann ist ein solcher Baum veracht't,
Sein Glanz und Lust war über Nacht. –
Schaut her, da bin ich, meiner Sechs,
Doch ganz ein anderes Gewächs!
Mich lud der Freund in seinen Garten,
Dem blonden Kinde aufzuwarten;
Ich ginge gern hinein zum Liebchen
Und grüßte sie im warmen Stübchen,
Allein das schickt sich doch nicht ganz,
Ich bin ein gar zu langer Hans;
Drum bat ich sie zu mir heraus.
Zwar steh ich kahl und ohne Strauß,
Doch wart, es kommt die Sommerszeit,
Da ist's, wo unsereins sich freut!
Da wickl ich los mein würzig Blatt,
Es sieht kein Menschenaug sich satt;
Die Vögel singen in meinen Zweigen,
Und alles, Schätzchen, ist dein eigen!
Und hast du mir es heut verziehn,
Daß ich nun bloß von Früchten bin,
So bring ich dir gewiß und wahr
Ein Schürzlein Nüsse Jahr für Jahr.

DER LIEBSTEN
ZUM HEILIGEN CHRIST 1829
Eduard Mörike

Hat Jemand ein liebes feines Mädchen,
Denkt er wohl zu jeder Zeit und Stunde,
Wie er Ihr durch eine hübsche Gabe
Seine Liebe, sein Gedächtnis zeige.

Hat Jemand nun Schätze dieser Erde,
Ist man König, Graf und sonst ein Reicher,
Müssen Gold und Perlen und Juwelen
Einzig schön die Vielgeliebte schmücken;

Ist man aber nur ein schlichter Knabe,
So begnügt man sich, dem süßen Kinde
Ein bescheiden Kleidchen auszuwählen,
Das den schlanken Leib gefällig zeige.

Auch ein Kistchen wird sie nicht verschmähen,
Dem natürliche Magie verliehen,
Jeden Schatz, den man ihm anvertrauet,
Freundlich und geschwinde zu verdoppeln.
Dann ein Buch, worein das neue Jahr nur
Lauter frohe Tage Dir diktiere,
Aber, daß dabei – dies, Herzchen, bitt ich –
Treue Liebe Dir die Feder führe!

SCHUSTER KONRAD ERWARTET
DEN LIEBEN GOTT

Legende aus Russland

An diesem Morgen war Konrad, der Schuster, schon sehr früh aufgestanden, hatte seine Werkstatt aufgeräumt, den Ofen angezündet und den Tisch gedeckt. Heute wollte er nicht arbeiten, denn er erwartete einen hohen Gast. Den höchsten, den man sich denken kann. Er erwartete Gott selbst. In der vorigen Nacht hatte Gott ihn im Traum wissen lassen, dass er ihn besuchen werde.

Nun saß Konrad also in der warmen Stube und wartete. Sein Herz war voller Freude. Da hörte er draußen Schritte, und schon klopfte es an die Tür. Das ist er, dachte Konrad, sprang auf und riss die Tür auf. Aber es war nur der Briefträger, der von der Kälte ganz blau gefrorene Finger hatte und sehnsüchtig nach dem heißen Tee auf dem Ofen schielte. Konrad ließ ihn herein, gab ihm eine Tasse Tee und ließ ihn sich aufwärmen. »Danke«, sagte der Briefträger, »das hat mir gut getan«, und er stampfte wieder in die Kälte hinaus.

Sobald er das Haus verlassen hatte, räumte Konrad schnell das Geschirr ab und stellte saubere Tassen auf den Tisch. Dann setzte er sich wieder ans Fenster und wartete. Es wurde Mittag, aber von Gott war nichts zu sehen.

Plötzlich erblickte er einen kleinen Jungen, und als er genauer hinsah, bemerkte er, dass dem Kleinen die Tränen über die Wangen liefen. Konrad rief ihn zu sich. Das Kind hatte im Gedränge der Stadt seine Mutter verloren und fand nicht mehr nach Hause zurück. Konrad legte einen Zettel auf den Tisch und schrieb darauf: »Bitte, warte auf mich. Ich bin gleich zurück.« Er ließ seine Tür einen Spalt offen, nahm den Jungen an der Hand und brachte ihn heim.

Aber der Weg war weiter, als er gedacht hatte, und so kam er erst heim, als es schon dunkelte. Als er von ferne sah, dass jemand in seinem Zimmer am Fenster stand, erschrak er sehr. Aber dann klopfte sein Herz vor Freude. Nun war Gott doch zu ihm gekommen.

Doch dann erkannte er die Frau. Sie wohnte oben im gleichen Haus. Seit ihr Mann verunglückt war, lebte sie allein mit ihrem Jungen. Sie sah müde und traurig aus. Konrad erfuhr, dass sie drei Nächte lang nicht mehr geschlafen hatte, weil ihr kleiner Sohn Petja so krank war. Er lag still da, und das Fieber stieg immer höher. Die Frau tat Konrad Leid. Und so ging er mit. Gemeinsam wickelten sie Petja in feuchte Tücher. Konrad blieb am Bett des kranken Kindes, während die Frau sich ein wenig ausruhte.

Als er endlich wieder in seine Stube zurückkehrte, war es weit nach Mitternacht. Müde und enttäuscht legte sich Konrad schlafen. Der Tag war vorüber. Gott war nicht gekommen. Plötzlich hörte er eine Stimme. »Danke«, sagte die Stimme, »danke, dass ich mich bei dir aufwärmen durfte – danke, dass du mir den Weg nach Hause gezeigt hast – danke für den Trost und die Hilfe, die du mir gegeben hast. – Ich danke dir, Konrad, dass ich heute bei dir sein durfte.«

CHRISTGESCHENK

Johann Wolfgang Goethe

Mein süßes Liebchen! Hier in Schachtelwänden
Gar mannigfalt geformte Süßigkeiten.
Die Früchte sind es heilger Weihnachtszeiten,
Gebackne nur, den Kinder auszuspenden!

Dir möcht ich dann mit süßem Redewenden
Poetisch Zuckerbrot zum Fest bereiten;
Allein was solls mit solchen Eitelkeiten?
Weg den Versuch, mit Schmeichelei zu blenden!

Doch gibt es noch ein Süßes, das vom Innern
Zum Innern spricht, genießbar in der Ferne,
Das kann nur bis zu dir hinüber wehen.

Und fühlst du dann ein freundliches Erinnern,
Als blinkten froh dir wohlbekannte Sterne,
Wirst du die kleinste Gabe nicht verschmähen.

GESCHICHTE EINES PFEFFERKUCHENMANNES

Paul Richter

Es war einmal ein Pfefferkuchenmann,
von Wuchse groß und mächtig.
Und was seinen inneren Wert betraf,
so sagte der Bäcker: »Prächtig!«

Auf dieses glänzende Zeugnis hin
erstand ihn der Onkel Heller
und stellte ihn seinem Patenkind,
dem Fritz, auf den Weihnachtsteller.

Doch kaum war mit dem Pfefferkuchenmann
der Fritz ins Gespräch gekommen,
da hatte er schon – aus Höflichkeit –
die Mütze ihm abgenommen.

Als schlafen ging der Pfefferkuchenmann,
da bog er sich krumm vor Schmerze;
an der linken Seite fehlte fast ganz
sein stolzes Rosinenherze!

Als Fritz tags drauf den Pfefferkuchenmann
besuchte ganz früh und alleine,
da fehlten, o Schreck, dem armen Kerl
ein Arm schon und beide Beine!

Und wo einst saß am Pfefferkuchenmann
die mächtige Habichtsnase,
da war – ein Loch! Und er weinte still
eine bräunliche Sirupsblase.

Von nun an nahm der Pfefferkuchenmann
ein reißendes, schreckliches Ende.
Das letzte Stückchen kam schließlich durch Tausch
in Schwester Margretchens Hände.

Die kochte als sorgliche Hausfrau draus
für ihre hungrige Puppe
auf ihrem neuen Spiritusherd
eine kräftige, leckre Suppe.

Und das geschah dem Pfefferkuchenmann,
den einst so viele bewundert
in seiner Schönheit bei Bäcker Schmidt,
im Jahre neunzehnhundert!

WEIHNACHT!

Karl May

Weihnacht! Welch ein liebes, liebes inhaltreiches Wort! Ich behaupte, daß es im Sprachschatz aller Völker und aller Zeiten ein zweites Wort von der ebenso tiefen wie beseligenden Bedeutung dieses einen weder je gegeben hat noch heute gibt. Dem gläubigen Christen ist es der Inbegriff der heißersehnten Erfüllung langen Hoffens auf die Erlösung aller Kreatur, und auch für den Zweifler bedeutet es eine alljährlich wiederkehrende Zeit allgemeiner Festlichkeit, der Familienfreude und der strahlenden Kinderaugen. Jenem leuchtet in der tiefsten Tiefe seines Herzens der Wahrspruch »Jesus Christus gestern und heute und derselbe in alle Ewigkeit!« und dieser stimmt wohl unwillkürlich auch mit ein oder läßt wenigstens seine Kinder einstimmen in den Frohgesang.

>»Welt ging verloren,
>Christus ward geboren;
>Freue dich, o Christenheit!«

Unter Palmen ging der längst erwartete Zweig Isais, des Betlehemiten, auf, und über Bethlehem strahlte der Stern, welcher die Weisen aus dem Morgenlande zu der Weihnachtskrippe leitete. »Ehre sei Gott in der Höhe!« sangen die himmlischen Heerscharen über diese Stadt, von welcher ein Strahl des Lichtes ausgegangen ist, der alle Welt erleuchten und beglücken soll. »Friede auf Erden!«, erklang es nach dem himmlischen Gloria, und der Friede, dessen Sinnbild noch heut die Palmen sind, hat sich von dorther ausgebreitet über alle Länder und in alle Herzen, welche seinem Einzuge offen standen. Und wo im Norden keine Palmen wehen, da haben ihre Wedel sich in Tannenzweige verwandelt, welche Sterne und Lichter tragen in der schönen seligen Zeit, welcher die Worte des Propheten gelten: »Mache dich auf, und werde Licht, denn dein Licht kommt, und die Herrlichkeit des Herrn geht über dir auf!« Da glänzt der Weihnachtsbaum im Palaste und in der Hütte; da schallen Glockenklänge, um die Geburt des Erlösers zu verkünden, durch die stille Nacht, und von allen Kanzeln und Altären, von Mund zu Mund erklingt der Engelsruf: »Siehe, ich verkündige Euch große Freude, die allen Nationen widerfahren wird, denn Euch ist heute der Heiland geboren, welcher ist Christus, der Herr in der Davidsstadt!«

Zwei Bibelworte sind es vorzugsweise, welche, als ich noch ein kleiner Knabe war, aus dem Munde der alten, frommen Großmutter einen tiefen, unauslöschlichen Eindruck auf mich machten. Lag es an der Erzählerin oder an dem Inhalte dieser Worte selbst, ich weiß es nicht, aber Tatsache ist, daß diese Verse noch heut zu meinen Lieblingsbibelsprüchen zählen. Der eine Spruch lautet Hiob 19,25: »Ich weiß, daß mein Erlöser lebt, und er wird mich aus dem Grabe auferwecken«, und der zweite ist eben die Verkündigung des Engels: »Siehe, ich verkündige Euch große Freude – denn Euch ist heute der Heiland geboren ...«

Der Eindruck dieser Stellen auf mich war ein solcher, daß ich – in noch ganz unreifem Alter – beide komponiert und über die zweite auch noch ein Gedicht – fast möchte ich sagen, verbrochen habe.

Daß ich dies hier nicht etwa erwähne, um mich zu brüsten, habe ich durch die Altersangabe und das Wort »verbrochen« bewiesen, vielmehr werden meine lieben Leserinnen und Leser bald bemerken, daß diese Erwähnung einen ganz andern und zwar bessern Zweck verfolgt. Einstweilen sei nur gesagt, daß die Worte »Ich verkündige Euch große Freude« mir damals auch in ganz besonderer Beziehung zu einer wahren Weihnachtsbotschaft wurden.

Ich, der ärmste unter den Schülern meiner Klasse, liebte die Musik glühend und nahm außer dem gewöhnlichen Unterrichte noch Privatstunden in der Harmonielehre, was mich auf trockenes Brot setzte, denn ich ernährte mich durch Unterrichtgeben á Stunde 50 Pfennige und mußte also die Stunde Harmonielehre zu einem Taler mit sechs Stunden meiner Privatzeit bezahlen. Das tat ich aber gern, und der Hunger von damals hat mir bis heute noch nichts geschadet.

In der Theorie – nicht etwa praktischen Komposition – bei der Motette angelangt, setzte ich mich eines Tages mit der nur durch meine Jugend zu entschuldigenden Idee hin, über das Lieblingsthema »Ich verkündige Euch große Freude« eine Weihnachtsmotette zu komponieren. Wie gedacht, so getan! Das opus operatum sollte freilich tiefes Geheimnis bleiben, war aber schon bald nach seiner Vollendung aus meinem Kasten verschwunden. Später erfuhr ich, dass ein mir übelwollender Mitschüler es mir wegstibitzt und, um mich zu blamieren, es meinem Lehrer, einem alten, braven Kantor, durch die Post zugeschickt hatte. Ich suchte lange nach dem verlorenen Heiligtume und gab es endlich auf, es jemals wiederzufinden.

Wie nun selten ein Unglück allein kommt − und das eigenmächtige Überschreiten der einem Schüler gezogenen geistigen Grenzen kann leicht zum Unglück für ihn werden −, kam mir grad zu jener Zeit ein Unterhaltungsblatt zu Gesicht, in welchem eine Konkurrenz, ein Weihnachtsgedicht betreffend, mit drei Preisen zu 30, 20 und zehn Talern ausgeschrieben wurde. Mein Lieblingsthema, meine Armut und wer weiß was sonst noch für gute oder nicht gute Gründe, »drückten mir«, wie berufene Dichter zu sagen pflegen, »die Feder in die Hand«; ich setzte mich abermals hin und brachte ein Gedicht von 32, schreibe und sage mit Worten: zweiunddreißig vierzeiligen Strophen zu Papier. Es ist jedermann, besonders aber jedem Redakteur bekannt, daß ein Gedicht, je länger es ist, desto leichter in den Papierkorb wandert, und auch ich wußte wenigstens, daß der Wert eines Poems nicht mit seiner Länge zu wachsen pflegt; aber nach der Disposition, die ihm zu Grunde lag, hatte es eben nicht kürzer werden können; im Gegenteile, wenn ich alle Gedanken, die mir gekommen waren, niedergeschrieben hätte, wären es wohl tausend

Zeilen geworden. Ich fertigte also das verlangte Motto an, steckte dieses mit dem Gedichte in ein Couvert für 3 Pfennige, siegelte es mit für 5 Pfennige Rotlack zu, klebte mein letztes Geld in Gestalt von Briefmarken in die Ecke rechts über der Adresse der Redaktion und trug den Brief in höchst feierlicher Stimmung bis zur übernächsten Straße, wo der Briefkasten hing. Als er mit hohlem Geräusch hineingefallen war, sah ich den Kasten noch lange an. Er kam mir jetzt ganz anders vor, als er früher ausgesehen hatte. Das war aber auch sehr leicht zu erklären, denn zweiunddreißig Strophen auf einmal zu verschlingen, das hatte wohl noch kein vernünftiger Mensch von ihm verlangt.

Aber auch mit mir ging eine Veränderung vor. Wer mich beobachtete, der mußte bemerken, daß ich ein schlechtes Gewissen hatte. Meine Haltung kam mir unmännlich und mein Gang schlotterig vor; die Augen verloren ihre bisher nach vorn gerichtete Direktion und begannen, sich vorzugsweise und verstohlen bald nach rechts und bald nach links zu richten, ob mir die zweiunddreißig Strophen vielleicht anzusehen seien. Kein Brot, selbst das ganz trockene, wollte mir mehr schmecken; der Schlaf streikte, und wenn er seine Pflicht einmal tat, so träumte ich von allerlei Ungeheuerlichkeiten, z. B. von einem großen Briefkasten, welcher in Gestalt einer blauen Riesenkröte auf mein Bett gekrochen kam und mich so lange drückte, bis ich mit einem Schrei erwachte.

Meine Arbeiten fertigte ich mit derselben Gewissenhaftigkeit wie vorher, aber sie wurden mir schwerer als früher; meine roten Wangen wurden blaß; ich magerte ab und wurde wortkarg wie eine Stimmgabel, die auch nur dann erklingt, wenn man ihr einen Stoß versetzt. Es war eine schwere, eine schlimme Zeit! Und sie dauerte übermäßig lang. Ende Juli hatte ich dem Briefkasten mein Schicksal vorzeitig anvertraut, denn die »Galgenfrist« ging erst am ersten Oktober zu Ende, und am ersten November sollte die Entscheidung fallen. Wenn ich doch meine »Zweiunddreißig« wieder hätte; ich wollte nicht nur auf jeden, selbst den dritten Preis verzichten, sondern das heilige Versprechen ablegen, nie wieder einen Reim zu schreiben! Das war viel, sehr viel gesagt, weil Reime mir nicht die geringste Schwierigkeit bereiten und mir auch der dritte Preis, zehn harte blanke Taler, als ein kleiner Schatz erschienen wäre.

Daß mir nichts beschieden sei, also eines negativen Erfolges, war ich vollständig überzeugt, aber diese Angelegenheit konnte auch eine positive und zwar sehr unangenehme Wirkung für mich haben. Ich konnte nämlich den Gedanken nicht los werden, daß die »löbliche« Redaktion mein Gedicht nicht an mich zurücksenden, sondern es mit einigen besonderen Randbemerkungen unserem strengen »Alten« zur Nachachtung zustellen werde. Wer Gymnasiast entweder war oder noch ist, der weiß, wen ich mit diesem »Alten« meine, und wird mein heimliches Grauen zwar nicht ermessen und nachfühlen aber doch wenigstens ahnen können. Seiner Gestrengen hatte mir zwar immer wohlgewollt und manche Härten meiner Lage zu mildern gesucht; er ließ mich sogar seinem Sohne wöchentlich zwei Stunden Nachhilfsunterricht erteilen, wofür ich sonnabends in der Küche Reis mit Rindfleisch bekam und dann als Nachgenuß der Lieblingskatze seiner Frau den Rücken krabbeln durfte;

aber falls die »Löbliche« meine Befürchtung zur Wahrheit werden ließ, so war für nichts mehr, weder für Reis noch für die Katze einzustehen!

So also türmten sich die Wetterwolken immer schwärzer und drohender über mir zusammen, und als der erste November kam, war er, wie ich heut noch weiß, ein zwar kalter aber sonniger Herbsttag, in meinem Innern aber schneite es schwere, große Flocken, nicht hellen Schnee, sondern es war ein ganz anderer und viel dunklerer Stoff. Nun konnte ich die Tage, nein, die Stunden zählen; sie wurden mir zu Ewigkeiten; aber irdische Ewigkeiten gehen vorüber, diese also auch. Und nun kommt es – es ist da; das fürchterliche Verhängnis nämlich!

Es war am sechsten November, nach der letzten Vormittagsstunde, als ich zum »Alten« gerufen wurde. Zwei Treppen hinauf, jede zwanzig Stufen, auf jede zwanzig Schläge meines Herzens, macht Summa achthundert; weniger sind es wahrscheinlich nicht gewesen. Ich klopfte an, trat ein und – sah nichts, weil meine Augen nebelten. Es vergingen einige Augenblicke; der Nebel teilte sich, und ich sah den Gewaltigen mit Augen, als ob er mich durchbohren wolle, vor mir stehen.

»May!« erklang es in seinem tiefsten Baß.

Ich verbeugte mich. Was ich für ein Gesicht gemacht habe, das weiß ich nicht, denn nur er hat es gesehen und mir nichts darüber angedeutet.

»May!«

Ich verbeugte mich wieder.

»May!!!«

Dritte Verbeugung; aber nun war ich entschlossen, mich nicht mehr zu bücken.

»Sie – sind – ja – ein – ganz –«

Ich sah ihn so scharf an, daß er innehielt; beleidigen wollte ich mich auf keinen Fall lassen. Da lachte er und fuhr in einem ganz andern Tone fort:

«Geht mich eigentlich nichts an, ganz und gar nichts; ist nur Ihre Privatsache, wenn Sie sich mit Blamagen herumriskieren. Warum auch nicht? Sie sprechen ja stundenlang in Knüppelversen, und Ihr Deutsch – hm! Aber Sie hätten es mir doch wenigstens vorher zur Durchsicht geben können!«

»Das Gedicht?« frage ich.

»Natürlich! Ich hätte die Fehler angestrichen, die noch drinstecken und von dem Redakteur gar nicht bemerkt worden sind. So ein Mensch weiß ja gar nicht, was zu einem guten Gedicht gehört; woher sollte er es auch wissen?! Kuh – Muskate –!«

»Es ist also zurückgeschickt worden?«

»Ja, im Probedruck, so was man Korrektur oder Revision nennt. Dabei ein Brief, nicht an Sie, sondern an mich. Sie bekommen ihn natürlich nicht zu lesen – fällt mir gar nicht ein! Ich werde antworten, daß zwar Ihr Name, aber sonst weiter gar nichts unter das Gedicht gesetzt werden darf; Sie verfallen sonst dem Tintenteufel, der der schlimmste von allen Teufeln ist. Haben mehr zu tun, als Gedichte zu machen! Junges Bürschchen!«

Ich holte tief, tief Atem. Also meine Zweiunddreißig waren angenommen worden! Dritter Preis zehn Taler –! Mir wollte es wieder vor den Augen nebeln! Da fuhr er fort:

»Was ich sagen wollte: Werde Ihnen die Nachhilfsstunden von jetzt an bar bezahlen, zweimal fünf, also zehn

Groschen. Den Sonnabendstisch behalten Sie trotzdem. Werde Sie wegen Ihrer Kühnheit und dem Gedichte später noch extra vornehmen; habe jetzt keine Zeit; muß zu Tische gehen. Hier ist das Geld. Nun gehen Sie!«

Es gab mir ein Couvert in die Hand. Ich bedankte mich mit vor Aufregung heiserer Stimme und schoß zur Tür hinaus, nachdem ich eine ganz besonders tiefe Verbeugung gemacht hatte, der ich doch vorhin fest entschlossen gewesen war, keine mehr zu machen.

Wie ich die Treppe hinunter und dann in meine »Bude« gekommen bin, das weiß ich selbst heut noch nicht. Ich öffnete das Couvert. Was war darin? Ein kurzes Schreiben der Redaktion – drei Zehntalernoten! Die schreckliche, große, blaue Kröte hatte, wie jede Kröte im Märchen, Geld für mich bedeutet – nicht den dritten, sondern den ersten Preis.

Was ich tat, als ich wieder ruhig geworden war? Die Antwort ist nicht nötig! Ich habe weder in guten noch in schlimmen Lagen jemals vergessen, daß das Gebet eine heilige Pflicht ist und Erleichterung bringt.

Und wie es – wenigstens dem Sprichworte nach – mit dem Unglücke ist, so ist's auch mit dem Glücke; es kommt niemals allein. Als ich am Nachmittag zum Unterricht bei meinem alten Kantor erschien, zeigte er sich außerordentlich aufgeräumt. Er war zwar stets ein lieber, alter, munterer Herr, heut aber zeigte er sich besonders heiter und gesprächig und ließ einige Andeutungen über »gute Arbeit« und »Buchhändlergeld« fallen, so daß ich mir im stillen sagte, dass er mit dem »Alten« über meinen Glücksfall gesprochen haben müsse. Als ich nach der Stunde, wie ich gewöhnlich tat, denn ich borgte nie, den Taler auf die gewohnte Stelle legte, sagte er: »Ist nicht nötig, lieber May! Sie können Ihren sauer verdienten Taler behalten.«

»Dieser hier ist nicht sauer verdient, Herr Kantor.«

»Nicht? Wieso? Vielleicht ein Geschenk?«

»Nein, kein Geschenk. Er ist verdient, aber nicht sauer. Ich habe dreißig Stück bekommen; das wissen Sie doch!« Er sah mich erstaunt an und fragte:

»Dreißig Stück, dreißig Taler! Sie Krösus, Sie! Und ich soll es wissen? Keinen Laut, keine Note, keine halbe, keine Sechzehntelnote habe ich davon gehört!«

»Aber Sie haben doch vorhin davon gesprochen!«

»Ich? Nicht daß ich wüßte!«

»Sie sprachen von Buchhändlergeld!«

»Ja, das habe ich freilich getan; aber das ist etwas, wovon Sie noch gar nichts wissen. Was hat es denn für eine Bewandtnis mit Ihren dreißig Talern? Oder dürfen Sie es nicht erzählen?«

»Natürlich darf ich es! Und grad Sie, Herr Kantor, sind der, dem ich es am liebsten erzähle!«

Er lief, indem ich es tat, ganz aufgeregt in seinem kleinen Zimmer hin und her und rief, als ich zu Ende war:

»Dreißig Taler, dreißig schwere Taler für ein Gedicht, für – wieviel Strophen waren es?«

»Zweiunddreißig vierzeilige.«

»Auch noch bloß vierzeilige! Das macht achtundzwanzig Groschen pro Strophe und sieben Groschen für jede Zeile, für jeden Vers! Dazu noch die Ehre, den ersten Preis errungen zu haben! Und ich habe Wunder gedacht, was ich da – na, warten Sie noch! Haben Sie ihr Gedicht im Kopfe?«

»Ja.«

»Her damit! Ich will auch einmal ein Preisgedicht für dreißig Taler hören!«

Während er immer noch lebhaft hin und her wanderte, stellte ich mich in die einzige freie Ecke und deklamierte:

Ich verkünde große Freude,
Die Euch widerfahren ist,
Denn geboren wurde heute
Euer Heiland Jesus Christ!

Jubelnd tönt es durch die Sphären,
Sonnen künden's jedem Stern;
Weihrauch duftet auf Altären,
Beter knieen nah und fern.

Horch, da schallt vom nahen Dome
Feierlich der Glocke Klang,
Und im majestätschen Strome
Schwingt sich auf der Chorgesang:

Herr, nun lässest du in Frieden
Deinen Diener zu dir gehn,
Denn sein Auge hat hienieden
Deinen Heiland noch gesehn! ...

»Halt, halt!« unterbrach er mich da eifrig. »Das Gedicht scheint ja gut, ganz gut zu sein, aber zweiunddreißig Strophen, das ist mir zu lang, viel zu lang. Ich muß Ihnen etwas sagen und kann nicht damit warten, bis Sie zu Ende sind. Da, sehen Sie sich einmal das hier an! Kennen Sie das?«

Er hielt mir ein gedrucktes Notenheft hin und sah mir dabei mit dem Ausdrucke größter Spannung in das Gesicht. Es war die Partitur einer Motette, in welcher die separat gedruckten Stimmen lagen. Ich las den Anfang des Textes: »Siehe, ich verkündige Euch große Freude ...«

»Nicht hier lesen, nicht hier, sondern den Titel, den Titel!« drängte er ungeduldig.

Ich tat es und erschrak, aber in freudiger Weise, denn es war meine Motette, die mir auf eine so unerklärliche Art abhanden gekommen war.

»Nicht wahr, das ist etwas, das ist auch etwas?« fragte er triumphierend. »Eine gedruckte Komposition ist mehr, viel mehr wert als ein gedrucktes Gedicht. Ein Gedicht kann jeder machen, der die Reime dazu aus der Luft greift; aber eine Komposition, das ist etwas ganz anderes; das kommt nicht aus der Luft, sondern wo anders her! Da muß man etwas gelernt und ganz besonders einen tüchtigen Lehrer gehabt haben. Und gute, tüchtige Lehrer können nur die Herren Kantores sein, welche die Orgel schlagen und den Kirchengesang leiten. Der Kirchengesang ist die höchste ...«

»Aber bitte, Herr Kantor«, unterbrach ich seinen Redefluß; »Sie sehen mich im höchsten Grade erstaunt. Diese Motette habe ich nicht komponiert, daß sie gedruckt werden soll; sie ist eine Übungsarbeit, die im Kasten liegen bleiben sollte; plötzlich aber war sie weg. Wie ist sie in Ihre Hände gekommen, und woher wissen Sie, daß sie von mir ist? Auf dem Originale hat mein Name nicht gestanden.«

»Das ist wahr, sehr wahr«, lachte er. »Aber denken Sie denn wirklich, daß ich Ihre Handschrift nicht kenne und auch die von Krüger nicht?«

»Krüger?« fragte ich. »Welchen Krüger meinen Sie?«

»Dumme Frage! Natürlich Krüger, der Ihnen damals wegen Ihrer Arbeit über die Quintseptaccorde die erste Zensur abtreten mußte. Er hat sich rächen wollen, wird aber nun durch mich bestraft, daß er sich blauärgern soll!«

»Ich verstehe Sie noch nicht.«

»Immer noch nicht? Sie sind doch sonst nicht so schwer von Begriffen. Da muß ich Ihnen doch gleich noch zweierlei zeigen, worüber Sie sich, wenigstens über das eine, wahrscheinlich wundern oder aber auch ärgern werden. Da, zunächst das. Wessen Handschrift ist das?«

Er gab mir ein großes, abgestempeltes Couvert, auf welchem sein Name stand. Ich brauchte nur einen Blick darauf zu werfen, um antworten zu können:

»Das hat Krüger geschrieben; man sieht es sofort.«

»Ja; der Kerl hat sich nicht einmal Mühe gegeben, seine Hand zu verstellen. Er hat wahrscheinlich gedacht, daß ich das Couvert wegwerfe, ohne es anzusehen. Nun aber das. Sehen Sie es sich genau an!«

Es war meine Partitur der Motette. Indem ich die Systeme nur flüchtig überblickte, fand ich nicht, was er meinte; da machte er mich darauf aufmerksam:

»Halten Sie das Papier gegen das Licht, so werden Sie die radierten Stellen finden.«

»Was! Er hat radiert?«

»Ja, er hat radiert, um Fehler hineinzumachen; die Absicht können Sie sich wohl denken!«

»Das wäre eine Schlechtigkeit, eine Gemeinheit, die –«

»Lassen Sie das!« unterbrach er mich. »Ich habe die Sache schon selbst in die Hand genommen. Ich habe ihn vorgehabt, und er hat es eingestehen müssen; die Sache wird noch vor die Konferenz kommen. Inzwischen habe ich eine Abschrift, natürlich ohne die hineingemachten Fehler, genommen und die Motette dann dem Buchhändler geschickt, Ihnen zuliebe und diesem Krüger zum Ärger. Er hat sie angenommen, und wissen Sie, welches Honorar er Ihnen zahlt?«

»Honorar? Also Geld, auch hier Geld?«

»Natürlich! Geschriebene Noten gegen Banknoten oder klingende Münze; anders tue ich es nicht. Er hat einstweilen fünfhundert gedruckt und dafür fünfundzwanzig Taler bezahlt. Sie bekommen also zwar bloß fünfzehn Pfennige für das Exemplar, aber das ist doch immer besser, als wenn die Motette in Ihrem Kasten läge und gar nichts brächte. Er schickte Papiergeld; ich habe es aber umgewechselt, weil Silber besser klingt. Es ist ein ganzer großer Haufen Geld. Da haben Sie ihn! Lassen Sie nichts davon fallen!«

Er zog den Tischkasten auf, griff mit beiden Händen hinein und hielt sie mir dann, gefüllt mit Talerstücken hin. Ich war beinahe bestürzt über diese zweite, so ganz unerwartete Gabe des Glückes. Er schob mir das Geld lachend hüben und drüben in die Hosentaschen und rief dabei:

»Nehmen Sie nur, nehmen Sie! Wer weiß, ob Ihnen in Ihrem ganzen Leben wieder einmal eine Komposition auch nur einen Groschen einbringt; drum greifen Sie jetzt zu; Sie können es ja brauchen! Übrigens wird die Motette eingeübt und hier in der Kirche gesungen; der Krüger muß platzen vor Ärger, das heißt, wenn er nicht schon vorher fort muß, denn die Gemeinheit, welche er hier bewiesen hat, verdient eine so exemplarische Bestrafung, daß ich überzeugt bin ...«

»Bitte, Herr Kantor«, fiel nun ich ihm einmal in die Rede. »Sie sind mir immer freundlich gesinnt gewesen, und ich denke, daß Sie mir auch jetzt die Erfüllung eines Herzenswunsches nicht abschlagen werden.«

»So? Hm, ich ahne schon! Was ist das für ein Wunsch?«

»Bringen Sie Krüger nicht vor die Konferenz! Ich bin heute so glücklich und würde die ganze Freude an diesem Glück verlieren, wenn er in Strafe käme.«

»Ist das nicht zuviel verlangt?«

»Wohl nicht. Er ist ja die eigentliche Ursache der frohen Überraschung, die Sie mir bereitet haben. Sie hätten gewiß keinen Verleger für die Motette gesucht, wenn er sie Ihnen nicht eingeschickt hätte, um mich in Ihrer Meinung herabzusetzen.«

Da gab er mir die Hand und sagte, jetzt ernster als vorher:

»Sie machen mir eine doppelte Freude. Nämlich erstens, daß Sie für Krüger bitten. Ich habe ihn nur deshalb noch nicht zur Anzeige gebracht, um ihn mit meinem Verweise und einem tüchtigen Ärger davonkommen zu lassen. Darum habe ich gewartet, bis die Motette gedruckt worden ist. Hätten Sie die Anzeige gewollt, so wäre sie erfolgt; nun aber soll er noch einen kräftigen Rüffel unter vier Augen bekommen und dabei erfahren, daß er die übrige Straflosigkeit nur Ihrer Fürbitte verdankt. Er wird sich blau und schwarz darüber ärgern, daß die Motette im Druck erschienen ist, daß sie Ihnen Geld eingebracht hat und daß er sie sogar mitsingen muß.«

»Soll er das?«

»Ja; anders tue ich es nicht; er hat eine gute Stimme und soll sogar, grad zu seinem Ärger, ein Solo bekommen, nämlich, wissen Sie, den dreistimmigen Solosatz in As-dur mit dem Texte: ›Drum gehet hin nach Bethlehem; da werdet Ihr finden das Jesuskind in einer Krippe liegen.‹ Das war der erste Punkt, über den ich mich um Ihret-willen freue. Der andere Punkt bezieht sich auf Ihre Ein-sicht, daß ich Ihre Komposition ohne den angegebenen Grund wohl keinem Verleger angeboten hätte.

AM WEIHNACHTSTAG
Annette von Droste-Hülshoff

Still ist die Nacht; in seinem Zelt geborgen,
Der Schriftgelehrte späht mit finstren Sorgen,
Wann Judas mächtiger Tyrann erscheint;
Den Vorhang lüftet er, nachstarrend lange
Dem Stern, der gleitet über Äthers Wange,
Wie Freudenzähre, die der Himmel weint.

Und fern vom Zelte über einem Stalle,
Da ist's, als ob aufs nied're Dach er falle;
In tausend Radien sein Licht er gießt.
Ein Meteor, so dachte der Gelehrte,
Als langsam er zu seinen Büchern kehrte.
O weißt du, wen das niedre Dach umschließt?

In einer Krippe ruht ein neugeboren
Und schlummernd Kindlein; wie im Traum verloren
Die Mutter knieet, Weib und Jungfrau doch.
Ein ernster, schlichter Mann rückt tief erschüttert
Das Lager ihnen; seine Rechte zittert
Dem Schleier nahe um den Mantel noch.

Und an der Türe steh'n geringe Leute,
Mühsel'ge Hirten, doch die ersten heute,
Und in den Lüften klingt es süß und lind,
Verlorne Töne von der Engel Liede:
»Dem Höchsten Ehr' und allen Menschen Friede,
Die eines guten Willens sind!«

LIEBER HOPPELPOPPEL – WO BIST DU?

Hans Fallada

*D*em Thomas hatten seine Großeltern zum ersten Weihnachtsfest einen kleinen Hund aus schwarzem Plüsch geschenkt, mit Hängeohren und frechen braunen Augen, eine Art Dackeltier, aber auf Rädern. Und da die Achsen dieser Räder nicht im Mittelpunkt saßen, sondern seitlich, hoppelte und wogte das schwarze Stoffgeschöpf auf und nieder, als haste es wild und über alle Kraft imaginären Hasen nach. Darum taufte der Vater den Hund »Hoppelpoppel«, und als Thomas etwas älter geworden war und sprechen konnte, genehmigte auch er diesen Namen. Er liebte den Hund sehr, immer mußte er bei ihm sein, auch im Schlaf durfte er ihn nicht verlassen, und er wachte sehr genau darüber, daß die Eltern nicht nur ihrem Sohn, sondern auch dem Hoppelpoppel gute Nacht sagten. Es war eben eine richtige Liebe.

Nun geschah es, daß Toms Eltern an einen neuen Wohnsitz verzogen, weit, weit weg. Der kleine Thomas blieb während der Umzugstage bei der guten Tante »Kunjä«, und mit ihm natürlich Hoppelpoppel – wie hätte Tom sonst bei Tante Kunjä schlafen können? Nach einer Weile war es dann soweit: Tante Kunjä fuhr mit Tom und dem Hund nach dem neuen Häuserchen. Auf dem Bahnhof erwartete sie der Vater, und der kleine Tom war so selig und verlegen über dies Wiedersehen, daß er schnurstracks seinen Kopf durch des Vaters Beine steckte und so den abfahrenden Zug betrachtete.

Dann gingen die drei Hand in Hand durch den Wald zur Mummi ins neue Häuserchen, und da kam plötzlich ein Augenblick, da Tante Kunjä angedonnert stehenblieb: »O Gott, habe ich nun doch den Hoppelpoppel in der Bahn liegengelassen!«

Der Vater machte rasch eine Kopfbewegung und sagte: »Still! Still! Hier hat der ›Herr‹ soviel neue Eindrücke, daß er ›ihn‹ einfach vergißt.«

Tom sagte noch gar nichts. Er marschierte stramm auf seinen Beinchen zwischen den beiden Großen und sah die herrlich hohen Bäume mit den Pieksenadeln an. Dann kam ein Zwinger mit einem Hund, und nun stand die Mummi unten auf einer Treppe und hielt die Arme weit auf. Sie gingen durch eine große Tür auf einen weiten Balkon, und plötzlich war da unten ein langes, langes Wasser, und ein Dampfer kam um die Waldecke und ein Kahn, zwei Kähne, viele Kähne ...

Es wurde Abend, und der kleine Junge mußte ins Bett. Er war müde und selig aufgeregt, aber als ihn die Mutter über die Bettleiter hob, sagte er: »Hoppelpoppel!«

Der Vater sagte ernst: »Hoppelpoppel fährt mit der Puffbahn, Thomas. Hoppelpoppel kommt morgen.«

Das Kind sah seine Eltern fragend an, erst sagte es nichts, als aber dann das Licht ausgemacht wurde, bat es wieder, dringend: »Hoppelpoppel!«

»Thomas muß jetzt schlafen«, sagte die Mutter streng und machte die Tür von außen zu. Die Eltern standen atemlos und lauschten. Nein, kein Gebrüll, kein Weinen, sondern Stille. – »Er wird sich beruhigen«, sagte Mummi. »Aber besser ist doch, du gehst morgen zur Bahn und machst eine Verlustanzeige.«

»Schön«, sagte der Mann. »Obgleich es keinen Zweck hat. Denn der Zug fährt weiter nach Polen, und die werden uns grade einen Hoppelpoppel zurückschicken! «

Am nächsten Morgen machte der Vater seine Verlustanzeige, dann kam der Nachmittagsschlaf – aber nein, es kam kein Nachmittagsschlaf.

»Hoppelpoppel!«

»Hoppelpoppel kommt bald.«

»Nun! Gleich!!!«

»Thomas muß schlafen! «

Gebrüll, Wut, Trostlosigkeit, Jammer, nur kein Schlaf. Und am Abend dasselbe. Das neue Häuserchen und das viele Wasser und der Garten und der Hund im Zwinger und die vielen Dampfer – alles nichts! Hoppelpoppel, lieber Hoppelpoppel – wo bist du? Hoppelpoppel, ein alberner, schwarzer Stoffhund, war eine finstere Wolke am Himmel, nach drei Tagen überhing sie alles!

»Also ich fahre morgen nach Berlin und kaufe einen neuen Hoppelpoppel«, sagte der Vater zur Mummi.

»Vielleicht kriegst du solch einen gar nicht?«

»Soll das, bitte, hier so weitergehen?!«

Der Vater fuhr also, und schließlich fand er auch seinen Stoffhund, er fand genau den Hoppelpoppel. Er war lange umhergelaufen, er hatte viel Fahrgeld ausgegeben, aber: Heute nacht wird Tom endlich wieder ruhig schlafen.

Der Vater war so glücklich über den kleinen Hund, am liebsten hätte er aller Welt Gutes getan. Da war im Abteil ein Kind, es war natürlich kein Kind wie der Thomas, nein, sondern ein dunkles, blasses Kind, es war ein meckriges Kind, es war ein schwieriges, störendes Kind, aber es war ein Kind... Es saßen noch zwei Herren im Abteil, das hielt den Vater nicht ab, er machte Kuckuck mit dem Kind, er lenkte es ab, er half der Mutter, so gut er konnte, aber es verschlug nichts, es blieb ein schwieriges Kind.

Der Vater nahm aus dem Netz das kleine braune Paket, das Kind sah zu. Er schnürte langsam das Paket auf, das Kind sah genau hin.

Was da wohl drin ist?

Er faltete das Papier auf, ließ ein bißchen sehen, mehr.

»Hoppelpoppel«, sagte der Vater ernst.

»Wauwau«, antwortete das Kind selig.

Es wurde nun doch eine sehr gute Bahnfahrt. Siehe, der dicke brummige Herr in der Ecke war ein rechter Großvater, er zog den Hoppelpoppel auf der leeren Bank zu sich hin.

Hoppelpoppel hoppelte. Der Vater zog ihn am Schwanz, zurück. Das Kind jauchzte.

Manchmal ging eine kleine Sorgenwolke über des Vaters Herz. »Wie weit fahren Sie?« fragte er die Mutter des Kindes.

»Bis Neu-Bentschen. Und Sie?«

»Oh, ich muss viel früher raus. Ihr Junge wird ja den Hund bis dahin überhaben.«

»Das weiß ich nicht«, sagte die Frau. »Wenn er was liebt, dann liebt er es auch richtig.«

»Na, eine Weile fahren wir ja auch noch«, sagte der Vater nachdenklich und ließ den Hund bellen.

Der Vater kramte das braune Papier wieder vor und den Bindfaden. »Nun pass auf, jetzt geht Hoppelpoppel schlafen.«

Das Kind sah aufmerksam zu, aber dann, als der Hund im Papier verschwand, fing es an zu weinen. »Hoppäpoppä«, sagte es klagend.

Alle redeten auf das Kind ein, das Kind weinte stärker,

der Vater sagte: »Ich brauche ihn ja schließlich nicht eingepackt mitzunehmen, er kann ihn ja noch den Augenblick halten ... «

Das Kind nahm den Hoppelpoppel in den Arm, es lächelte, es lächelte – lieber Himmel!, es war doch ein sehr ähnliches Kind...

Der Zug fuhr langsamer, der Zug hielt.

»Nun gib dem Onkel den Hoppelpoppel.«

Das Kind hielt den Hund fest.

»Willst du wohl artig sein, gibst du!«

»Aussteigen! «

»Du sollst den Hund loslassen! «

»Gib mir doch den Wauwau, bitte, bitte! Ich habe auch einen kleinen Jungen...«

»Sie wollen noch raus? Bitte, beeilen!« Alles ging durcheinander, das Kind weinte schmerzlich, der Schaffner schimpfte. Eine Hand (es war die Hand der Mutter) riß an der klammernden Kinderhand, das Weinen wurde lauter. Der Vater stand draußen mit seinem Hoppelpoppel, er dachte verwirrt: Wenn er was liebt, dann liebt er es auch richtig...

Der Zug fuhr an, der Vater riß die Tür wieder auf, warf den Hund ins Abteil. Der Zug fuhr schneller, am Fenster waren Mutter und Kind zu sehen, das Kind hielt den Hoppelpoppel ...

Der Mann ging langsam durch den dunklen Wald nach Haus, er hatte es nicht eilig. Wenn er zu Haus ankommen würde, würde sein Junge grade ins Bett gebracht werden, er würde sehnsüchtig betteln: Hoppelpoppel! Der Mann bereute nicht, der Mann schalt sich nicht, er war nur traurig. Irgend etwas war nicht in Ordnung auf dieser Welt, irgend etwas stimmte nicht: Dem einen geben, daß der andere weint?

Der Mann schloß die Tür auf, oben krähte der Tom. Der Mann ging langsam und leise die Treppe hinauf, er hing leise den Mantel fort, er zog seine Hausschuhe an ... Schließlich mußte er doch die Tür aufmachen ...

Da aß sein kleiner Sohn am Tischchen den Haferbrei, und auf dem Tischchen stand der Hoppelpoppel! Der Hoppelpoppel mit einem langen, langen Zettel am Hals.

»Sieh nur, Mann«, sagte die Mummi.

Auf dem Zettel standen viele bahnamtliche Vermerke, aber da stand auch: »Zbaszyn (Bentschen). Kleine schwazze Hund, särr biese. Beißt ...«

»Kleine schwazze Hund, särr biese ...«, sagte der Vater
langsam.
Komisch: plötzlich war die Welt wieder in Ordnung.

VOR WEIHNACHTEN 1914 (ENTWURF)
Rainer Maria Rilke

Da kommst du nun du altes zahmes Fest
und willst, an mein einstiges Herz gepreßt,
getröstet sein. Ich soll dir sagen: Du
bist immer noch die Seligkeit von einst
und ich bin wieder dunkles Kind und tu
die stillen Augen auf in die du scheinst.
Gewiß, gewiß. Doch damals da ichs war
und du mich schön erschrecktest, wenn die Türen
aufsprangen und dein wunderbar
nicht länger zu verhaltendes Verführen
sich stürzte über mich wie die Gefahr
zu starker Freuden; damals selbst, empfand
ich damals dich? Um jeden Gegenstand
nach dem ich griff, war Schein von deinem Scheine,
doch plötzlich ward aus ihm und meiner Hand
ein neues Ding, das bange, fast gemeine
Ding, das besitzen heißt. Und ich erschrak.
O wie doch alles, eh ich es berührte,
so rein und leicht in meinem Anschaun lag.

Und wenn es auch zum Eigentum verführte,
noch war es keins. Noch haftete ihm nicht
mein Handeln an. Mein Mißverstehn. Mein Wollen
es solle etwas sein, was es nicht war.
Noch war es klar
und klärte mein Gesicht.
Noch fiel es nicht, noch kam es nicht ins Rollen,
noch war es nicht das Ding, das widerspricht.
Da stand ich zögernd vor dem wundervollen
Uneigentum. Da war es mir genug.
Da trug es mir die Augen im Gesicht.
[Dich meint ich nicht, du Fest, das schenken mag,
das gebig ist.]

WEIHNACHTEN
Arno Holz

Und wieder nun lässt aus dem Dunkeln
die Weihnacht ihre Sterne funkeln!
Die Engel im Himmel hört man sich küssen,
und die ganze Welt riecht nach Pfeffernüssen ...

So heimlich war es die letzten Wochen,
die Häuser nach Mehl und Honig rochen,
die Dächer lagen dick verschneit,
und fern, noch fern schien die schöne Zeit.
Man dachte an sie kaum dann und wann.

Mutter teigte die Kuchen an,
und Vater, dem mehr der Lehnstuhl taugte,
saß daneben und las und rauchte.
Da, plötzlich, eh man sichs versah,
mit einmal war sie wieder da.

Mitten im Zimmer steht nun der Baum!
Man reibt sich die Augen und glaubt es kaum ...
Die Ketten schaukeln, die Lichter wehn,
Herrgott, was gibt's da nicht alles zu sehn!
Die kleinen Kügelchen und hier
die niedlichen Krönchen aus Goldpapier!
Und an all den grünen, glitzernden Schnürchen
all die unzähligen, kleinen Figürchen:
Mohren, Schlittschuhläufer und Schwälbchen,
Elefanten und kleine Kälbchen,
Schornsteinfeger und trommelnde Hasen,
dicke Kerle und rote Nasen,
reiche Hunde und arme Schlucker
und alles, alles aus purem Zucker!
Ein alter Herr mit weißen Bäffchen
hängt grade unter einem Äffchen.
Und hier gar schält sich aus seinem Ei
ein kleiner, geflügelter Nackedei.
Und oben, oben erst in der Krone!
Da hängt eine wirkliche, gelbe Kanone
und ein Husarenleutnant mit silbernen Tressen –
ich glaube wahrhaftig, man kann ihn essen!

DER LETZTE TRAUM DER ALTEN EICHE –
EIN WEIHNACHTSMÄRCHEN

Hans Christian Andersen

Auf hohem Abhange, unmittelbar neben dem offenen Meeresufer, stand ein wirklich alter Eichbaum, der gerade dreihundertfünfundsechzig Jahre zählte. Aber diese lange Zeit hatte für den Baum nicht mehr zu bedeuten als ebenso viele Tage für uns Menschen. Wir wachen am Tage, schlafen des Nachts und haben dann unsere Träume, aber mit dem Baume ist es anders, der Baum wacht drei Jahreszeiten hindurch, erst gegen den Winter versinkt er in Schlaf, der Winter ist seine Schlafenszeit, er ist seine Nacht nach dem langen Tage, der Frühling, Sommer und Herbst heißt.

Manchen warmen Sommertag hatte die Eintagsfliege um seine Krone getanzt, gelebt, geschwebt und sich glücklich gefühlt, und ruhte dann das kleine Geschöpf einen Augenblick in stiller Glückseligkeit, auf einem der großen frischen Eichenblätter, dann sagte der Baum immer: »Du armes kleines Wesen! Nur einen Augenblick währt dein ganzes Leben! Wie kurz doch! Es ist traurig!«

»Traurig?« antwortete dann immer die Eintagsfliege, »was meinst du damit? Alles ist ja so unvergleichlich licht und klar, so warm und herrlich, und ich bin so froh.«

»Aber nur einen Tag, und dann ist alles vorbei!«

»Vorbei?!« sagte die Eintagsfliege. »Was ist vorbei? Bist du auch vorbei?«

»Nein, ich lebe viele Tausende von deinen Tagen, und mein Tag umfasst ganze Jahreszeiten. Das ist etwas so Langes, daß du es gar nicht auszurechnen vermagst!«

»Nein, denn ich verstehe dich nicht! Du hast Tausende von meinen Tagen, aber ich habe Tausende von Augenblicken, um darin froh und glücklich zu sein! Hört alle Herrlichkeit dieser Welt auf, wenn du stirbst?«

»Nein«, sagte der Baum, »sie besteht sicher länger, unendlich länger, als ich es denken kann!«

»Aber dann haben wir ja gleichviel Lebenszeiten, nur daß wir verschieden rechnen.«

Und die Eintagsfliege tanzte und schwang sich in die Luft empor, freute sich ihrer feinen künstlichen Flügel, freute sich des Flors und Samts derselben, freute sich in der warmen Luft, die mit dem Dufte aus den Kleefeldern und von den wilden Rosen, Flieder und Kaprifolien, um gar nicht von dem süßen Geruche des Waldmeisters und der wilden Krauseminze zu reden, durchwürzt war. Der Duft war so stark, daß die Eintagsfliege glaubte, davon einen kleinen Rausch bekommen zu haben. Der Tag war lang und herrlich, voller Freude und süßen Gefühls, und sobald die Sonne sank, fühlte sich die kleine Fliege plötzlich so behaglich müde von all der Lust und Glückseligkeit. Die Flügel wollten sie nicht länger tragen und ganz leise glitt sie auf den weichen schaukelnden Grashalm hinab, nickte mit dem Kopfe, wie nur sie nicken kann, und schlief dann fröhlich ein. Das war ihr Tod.

»Arme kleine Eintagsfliege!« sagte der Eichbaum, »es war doch ein allzu kurzes Leben!«

Und jeden Tag wiederholte sich derselbe Tanz, dasselbe Gespräch, dieselbe Antwort und das gleiche Hinüberschlummern; es wiederholte sich in allen Geschlechtern der Eintagsfliegen, und alle waren sie gleich glücklich, gleich froh. Der Eichbaum durchwachte seinen Frühlingsmorgen, Sommermittag, Herbstabend, jetzt aber nahte seine Schlafzeit, seine Nacht. Der Winter rückte heran.

Schon sangen die Stürme: »Gute Nacht, gute Nacht! Hier fiel ein Blatt, da fiel ein Blatt! Wir pflücken, wir pflücken! Sieh zu, daß du schlafen kannst! Wir singen dich in Schlaf, wir schütteln dich in Schlaf; aber nicht wahr, das tut den alten Zweigen gut? Sie krachen dabei aus lauter Vergnügen! Schlafe süß! Es ist deine dreihundertfünfundsechzigste Nacht; eigentlich bist du nur ein Jahreskind! Schlafe süß! Die Schneewolke wird dich weich betten, sie breitet ein ganzes Laken, eine weiche Bettdecke um deine Füße! Schlaf in süßer Ruh, und habe angenehme Träume!«

Alles Laubes entkleidet stand der Eichbaum da, um den ganzen Winter der Ruhe zu pflegen, und sich während desselben von manch schönem Träume umgaukeln zu lassen. Aber wie die Träume der Menschen führten ihm auch die seinigen immer nur etwas Erlebtes vor.

Er war auch einmal klein gewesen, ja, eine Eichel war seine Wiege gewesen; nach menschlicher Rechnung stand er jetzt schon in seinem vierten Jahrhundert. Er war der größte und schönste Baum im Walde, mit seiner Krone ragte er hoch über allen anderen Bäumen hervor und wurde von der See aus schon in weiter Ferne erblickt, er diente den Schiffen als Wahrzeichen. Er dachte gar nicht daran, wie viele Augen ihn suchten. Hoch oben in seiner grünen Krone bauten die wilden Tauben, und rief der Kuckuck seinen Namen, und im Herbste, wenn die Blätter wie gehämmerte Kupferplatten aussahen, erschienen die Zugvögel und rasteten in ihr, ehe sie über das Meer flogen. Aber jetzt war Winter, blätterlos stand der Baum da, und man konnte recht deutlich sehen, in welchen Bogen und Krümmungen sich seine Zweige ausdehnten. Krähen und Dohlen kamen und ließen sich scharenweise auf ihm nieder und plauderten von den strengen Zeiten, die jetzt begannen, und wie schwer es wäre, im Winter sein Futter zu finden.

Es war gerade die heilige Weihnachtszeit, als der Baum seinen schönsten Traum träumte; den wollen wir hören. Der Baum empfand ganz deutlich, daß es eine festliche Zeit war; er glaubte ringsumher alle Kirchenglocken läuten zu hören, und dabei war es ihm wie an einem herrlichen Sonntage zumute, mild und warm. Frisch und grün breitete er seine mächtige Krone aus, die Sonnenstrahlen spielten zwischen seinen Blättern und Zweigen, die Luft war mit dem Duft von Kräutern und Büschen erfüllt; bunte Schmetterlinge spielten Haschen miteinander, und die Eintagsfliegen tanzten, als ob alles nur dazu da wäre, daß sie tanzen und sich freuen sollten. Alles, was der Baum Jahre hindurch erlebt und um sich gesehen hatte, zog wie in einem Festzuge an ihm vorüber. Er sah aus alter Zeit, wie Ritter und Frauen zu Pferde, mit Federn auf dem Hute und mit Falken auf der Hand, durch den Wald ritten. Das Jagdhorn tönte, und die Hunde schlugen an. Er sah feindliche Soldaten mit blanken Waffen und in bunten Uniformen, mit Spießen und Hellebarden, ihre Zelte aufschlagen und wieder abbrechen; Wachtfeuer loderten, und unter des Baumes weit ausgebreiteten Zweigen wurde gesungen und geschlafen. Er sah, wie sich Liebespärchen hier im Mondschein trafen und ihre Namen, den ersten Buchstaben, in die graugrüne Rinde einschnitten. Zither und Äolsharfe waren einmal, ja da lagen Jahre dazwischen, von munteren reisenden jungen Männern in die Zweige der Eiche gehängt worden; nun hingen sie wieder da, nun klangen sie wieder so lieblich. Die wilden Tauben gurrten, als ob sie erzählen wollten, was der Baum dabei fühlte, und der Kuckuck rief seinen Namen, wieviel Sommertage derselbe noch leben sollte.

Da war es, als ob ihn ein neuer Lebensstrom von den kleinsten Wurzelfasern bis hinauf zu den höchsten Zweigen, ja bis in die Blätter hinaus, durchrieselte. Der Baum fühlte, daß ihm derselbe Kraft verlieh, sich auszudehnen, er empfand mit den Wurzeln, daß auch unten in der Erde Leben und Wärme war; er fühlte seine Stärke zunehmen, er wuchs höher und höher. Der Stamm schoß empor, da war kein Stillstand, er wuchs mehr und immer mehr, die Krone wurde voller, breitete sich aus, richtete sich in die Höhe – und je mit dem Wachstum des Baumes wuchs auch sein Wohlbefinden, seine ihn mit unaussprechlichem Glücke erfüllende Sehnsucht, immer höhere Ziele zu erreichen, aufzuschießen bis zu der glänzenden warmen Sonne.

Schon war er bis hoch über die Wolken gewachsen, wo dunkle Scharen von Zugvögeln oder große weiße Züge von Schwänen unter ihm hinzogen.

Und jedes von den Blättern des Baumes konnte sehen, als ob es ein besonderes Auge hätte, alles mit anzuschauen. Die Sterne wurden am Tage sichtbar, so groß und blitzend waren sie; jeder von ihnen leuchtete wie ein paar Augen, so mild und so klar. Sie erinnerten an bekannte liebe Augen, an Kinderaugen, an die Augen der Liebespaare, wenn sie unter dem Baume zusammentrafen.

Es war ein unendlich beglückender Augenblick, so freudevoll, und doch, in all der Wonne empfand er eine Sehnsucht danach, daß alle anderen Bäume des Waldes dort unten, alle Büsche, Kräuter und Blumen sich mit ihm erheben könnten, um auch diesen Glanz und diese Freude zu empfinden. Der mächtige Eichbaum war in dem Traume von all dieser Herrlichkeit doch nicht vollkommen glücklich, wenn er sein Glück nicht mit allen, groß und klein, teilen konnte, und dies Gefühl durchbebte die Zweige und Blätter ebenso innig und stark, wie es in einer Menschenbrust zittern kann.

Die Krone des Baumes bewegte sich, als ob er etwas suchte und vermißte, er schaute zurück, und da drang der Duft des Waldmeisters und bald noch stärker der Kaprifolien und der Veilchen zu ihm empor. Er glaubte vernehmen zu können, daß der Kuckuck ihm antwortete.

Ja, durch die Wolken guckten die grünen Waldesgipfel hervor, er sah die anderen Bäume unter sich wachsen und sich gleich ihm erheben. Büsche und Kräuter wuchsen hoch in die Luft, einzelne rissen sich mit den Wurzeln los und flogen schneller. Die Birke langte am ehesten an; wie ein weißer Blitzstrahl schlängelte sich ihr schlanker Stamm aufwärts, ihre Zweige wallten wie grüner Flor und Fahnen. Die ganze Waldnatur, selbst das braunbefiederte Rohr wuchs mit, und die Vögel folgten nach und sangen, und auf dem Halme, der wie ein langes grünes Seidenband lose flatterte und flog, saß die Heuschrecke und spielte mit dem Flügel auf ihrem Schienbeine. Die Maikäfer brummten, und die Bienen summten, jeder Vogel sang, wie ihm der Schnabel gewachsen war, alles war Gesang und Freude gerade wie im Himmel.

»Aber die kleine rote Blume am Wasser, die sollte auch mit!« sagte die Eiche, »und die blaue Glockenblume und das kleine Gänseblümchen!« – Ja, die Eiche wollte, daß sie sämtlich teilnehmen sollten.

»Wir sind auch dabei, wir sind auch dabei!« sang und klang es.

»Aber der schöne Waldmeister vom vorigen Sommer – und das Jahr vorher war ein wahrer Flor von Maiblümchen – und der wilde Apfelbaum, wie stand er doch so herrlich! – und all die Waldespracht seit Jahren, seit vielen Jahren –! wäre sie doch bis jetzt am Leben geblieben, dann hätte sie auch können mit dabei sein!«

»Wir sind mit dabei! Wir sind mit dabei!« sang und klang es

noch höher oben, es schien, als ob sie voraus geflogen wären. »Nein, das ist zu unglaublich schön!« jubelte die alte Eiche. »Ich habe sie alle, klein und groß, nicht eines ist vergessen! Wie ist doch all diese Glückseligkeit nur möglich und denkbar!«

»In Gottes Himmel ist es möglich und denkbar!« klang es. Und der Baum, der immer wuchs, fühlte, daß sich seine Wurzeln aus der Erde lösten.

»Das ist nun das allerbeste!« sagte der Baum, »nun hält mich kein Band mehr! Ich kann mich zu dem Allerhöchsten in seinem Licht und Glanz emporschwingen! Und alle Lieben habe ich bei mir, klein und groß, alle bei mir!«

»Alle!«

Das war der Traum des Eichbaums, und während er träumte, blies ein Sturm über Meer und Land in der heiligen Weihnacht. Die See wälzte schwere Wogen gegen den Strand, der Baum krachte, brach und wurde mit der Wurzel ausgerissen, gerade während er träumte, daß sich seine Wurzeln lösten. Er fiel. Seine dreihundertfünfundsechzig Jahre waren nun auch nichts anderes als der Tag einer Eintagsfliege.

Am Weihnachtsmorgen, als die Sonne wieder zum Vorschein kam, hatte sich der Sturm gelegt. Alle Kirchenglocken läuteten festlich, und aus jedem Schornstein, selbst aus dem kleinsten auf dem Dache des Büdners, erhob sich in bläulicher Wolke der Rauch wie vom Altare beim Feste der Druiden, ein Opferrauch des Dankes. Die See wurde ruhiger und ruhiger, und auf einem großen Schiffe draußen auf dem Meere, das während der Nacht das harte Wetter wohl überstanden hatte, wurden jetzt alle Flaggen zur festlichen Weihnachtsfeier aufgehisst.

»Der Baum ist fort! Der alte Eichbaum, unser Wahrzeichen auf dem Lande!« sagten die Seeleute. »Er ist gefallen in dieser Sturmnacht! Wer wird ihn uns ersetzen können! Das kann niemand!«

Eine solche Leichenrede, kurz aber wohl gemeint, erhielt der Baum, der auf der Schneedecke am Ufer ausgestreckt lag. Und hin über ihn erklang ein feierlicher Choral vom Schiffe, ein Lied von der Weihnachtsfreude und der Erlösung der Menschenseele in Christo und vom ewigen Leben:

»Jauchzet, ihr Himmel,

Frohlocket, ihr Enden der Erden!

Gott und der Sünder,

Die sollen zu Freunden nun werden!

Friede und Freud'

Wird uns verkündiget heut,

Freuet euch, Hirten und Herden!«

So lautete das alte Liede, und jeder draußen auf dem Schiffe fühlte sich durch dasselbe und durch das Gebet in seiner Weise so erhoben, wie sich der alte Baum in seinem letzten, seinem schönsten Traume erhoben fühlte.

ZUM WEIHNACHTSBAUM

Peter Rosegger

Friede war im Wald und jeder Baum beglückt
durch schöne, reife Frucht, womit der Herbst geschmückt
die Äste all, daß jeder Zweig sich bieget
bis hoch hinauf, wo leis die Krone wieget.
Doch leider, wo's zum Segen will gedeihn,
da findet sich auch gern der Hochmut ein
und selbst der Neid. Und jeder wollt' sich prahlen,
daß seine Frucht die schönste sei von allen,
und jeder hing an seine längsten Äste
als stolzes Aushängschild der Früchte beste.
Es war ein herrlich Wogen bis zur Spitze,
ein Wetten, wer das Beste wohl besitze. –

Nur eines litt im Wald viel Weh und Gram
und barg sich ins Gesträuch voll tiefer Scham.
Ein Tannenbäumchen war's, gar schmächtig, schlank,
wohl aller Früchte, auch der ärmsten, blank,
und während andre stolz im vollen Prangen
hatt' es an seinem Stamm nur Nadeln hangen,
nur dunkelgrüne Nadeln, scharf und spitz;
sie stachen es, doch schärfer stach der Witz
der andern und ihr Hohn, gar schal und widrig
dem schlichten Bäumchen, weil's so arm und niedrig.
Es flüsterte der Wald sich in die Ohren
vom Taugenichts, der da umsonst geboren,
und warf ihm boshaft gar zu Spott und Schmach
die ersten gelben, dürren Blätter nach.

Das schnitt dem Bäumchen tief ins junge Herz,
es wollte schier vergehn in Leid und Schmerz
und weinte, tief bedrängt vom Weh, dem schweren,
das Harz heraus, die bittersten der Zähren.
So duldete das Bäumchen still und fromm.

Da zog hernieder durch den nächtigen Dom
ein Engel aus des Himmels heiligen Hainen,
der sah den armen Dulder schmerzlich weinen.
Er ließ sich erdenwärts vom weiten Raum,
zur armen Tanne sprechend: »Liebster Baum!
Du warst bisher verachtet und verflucht,
doch tragen wirst du noch die schönste Frucht,
die je ein Baum getragen hier auf Erden,
du sollst der Baum der höchsten Freude werden.«

Wie wurde jetzt der Himmel trüb und grau!
Es blies ein kalter Wind auf Heid' und Au',
er heulte durch den Wald voll wilder Hast
und rüttelte die letzte Frucht vom Ast.
Oh, bald war jeder Baum, der einst geprahlt,
der Frucht und Blätter bar, gar kahl und alt,
es fielen Flocken, und es krächzten Raben,
und sieh, der stolze Wald war wie begraben.
Nur jenes Bäumchen steht noch frisch und frei
und grünt und flüstert sanft wie einst im Mai. –

Und als die heilige Nacht gekommen war,
da schwebte durch den Wald die Engelschar
zum Bäumchen zart und trug es durch die Nacht
in festlich aufgegangener Strahlenpracht.

DER TANNENBAUM

Hans Christian Andersen

*I*m Walde wuchs ein hübscher, kleiner Tannenbaum. Er hatte einen guten Platz; Sonne und Luft
vollauf – und gute Kameraden, größer und stärker als er,
umringten ihn. Aber der kleine Tannenbaum sehnte
sich nur danach, groß zu sein. Er freute sich nicht an
dem warmen Sonnenschein und der frischen Luft, und
er kümmerte sich auch nicht um die Bauernkinder, die
plaudernd vorübergingen, um Erdbeeren und Himbee-
ren im Walde zu suchen. Zuweilen kamen sie mit gefüll-
ten Körbchen, oder sie hatten die Beeren auf Grashalme
gereiht und setzten sich dicht bei dem kleinen Baume
nieder. Dann sagten sie wohl: »Ach, wie klein und nett er
ist!« Aber davon wollte das Tannenbäumchen nichts
hören.
Das Jahr darauf war es um einen Schoß höher, und im
folgenden hatte es wieder einen kräftigen Ansatz gemacht. Bei den Tannenbäumchen kann man an der Zahl
der Ansätze sehen, wieviel Jahre sie alt sind.
»Ach, wenn ich nur auch so groß wäre wie die andern«,
seufzte die kleine Tanne. »Da könnte ich meine Zweige
wie eine Schleppe ausbreiten und mit dem Wipfel in die
weite Welt hinausschauen. Die Vögel würden dann ihre
Nester in meinen Zweigen bauen, und wenn der Wind
wehte, könnte ich mich ebenso vornehm wie die andern
verneigen.« Nichts machte ihm Vergnügen, weder der
Sonnenschein noch die Vögel noch die roten Wölkchen,

welche morgens und abends über ihn hinsegelten. Wenn es Winter war, und der Schnee lag weiß und glitzernd ringsum, so kam oft ein Hase gesprungen und setzte gerade über den kleinen Baum hinweg. Ach, das war ihm so ärgerlich! –

Aber zwei Winter vergingen, und im dritten war das Bäumchen so groß, daß der Hase nicht mehr darüber springen konnte, sondern einen Bogen machen mußte.

»Ach, wachsen, wachsen, groß und alt werden, das ist doch das einzig Herrliche in dieser Welt!« dachte der Tannenbaum.

Im Herbst kamen immer Holzhauer und fällten einige der stärksten Bäume. Das geschah jedes Jahr, und die junge Tanne, welche nun schon hübsch herangewachsen war, erbebte dabei; denn die großen, mächtigen Bäume fielen mit Ächzen und Krachen zur Erde. Die Zweige wurden ihnen abgehauen. Nun sahen sie ganz kahl und lang und schmal aus, gar nicht wiederzuerkennen; und dann wurden sie auf Wagen geladen, und die Pferde zogen sie davon, hinaus aus dem Walde.

Wohin kamen sie? Was wurde aus ihnen?

Im Frühling, als die Schwalben und Störche kamen, fragte sie das Bäumchen: »Habt ihr meine Kameraden nicht gesehen? Wisst ihr nicht, wo sie geblieben sind?«

Die Schwalben wußten nichts, aber der Storch sah nachdenklich aus, nickte mit dem Kopf und sagte: »Ja, ich glaube doch. Ich sah viele neue Schiffe, als ich von Ägypten herüberflog. Auf den Fahrzeugen waren prächtige Mastbäume. Es liegt sehr nahe, daß sie es waren, denn sie rochen nach Tannen. Ich kann also von ihnen grüßen. Oh, die sahen so stolz, so stolz aus!«

«Ach, wenn ich doch erst groß genug wäre, um auch über das Meer fahren zu können! Was ist das eigentlich, das Meer? Wie sieht es aus?«

»Ja, das ist zu weitläufig zu erklären«, sagte der Storch und ging seiner Wege.

»Freue dich deiner Jugend«, sagten die Sonnenstrahlen. »Freue dich über dein frisches Wachstum, über dein kräftiges Gedeihen!«

Und der Wind küßte den Baum, und der Tau begoß ihn mit seinen Tränen; aber das verstand der Tannenbaum nicht.

Um die Weihnachtszeit wurden ganz junge Bäume gefällt, die oft nicht einmal so groß und so alt waren wie unser Bäumchen, dem die Sehnsucht, hinauszukommen, keine Ruhe ließ. Diese jungen Tannen – es waren gerade die allerhübschesten – behielten ihre grünen Zweige. Auch diese wurden auf Wagen hinweggefahren. »Was wird aus ihnen?« fragte der Tannenbaum. »Sie sind nicht größer als ich, ja, es waren sogar kleinere darunter. Warum dürfen diese alle ihre Zweige behalten? Wohin werden sie gebracht?«

»Das wissen wir, das wissen wir!« riefen die Sperlinge, »wir haben in der Stadt durch die Fensterscheiben geguckt. Wir wissen's, wohin sie gekommen sind! Ach, sie erleben das Herrlichste, was man sich denken kann. Wir haben zugesehen, wie sie mitten in der warmen Stube aufgepflanzt und mit den schönsten Sachen – vergoldeten Äpfeln, Pfefferkuchen, Spielzeug und hundert Lichtern – geschmückt wurden.

»Und dann –?« fragte der Tannenbaum und bebte vor Wonne in allen Zweigen. »Und dann? Was geschah weiter?«

»Ja, weiter haben wir nichts gesehen. Aber das war unbeschreiblich schön!«

»Sollte ich für dieses große Glück ausersehen sein?« jubelte das Bäumchen. »Das wäre noch schöner, als über das Meer zu fahren! Ach, ich sterbe vor Sehnsucht! Wenn's doch erst Weihnachten wäre! Nun bin ich auch so groß und schön wie die anderen, welche voriges Jahr weggeholt wurden. Oh, wäre ich nur erst auf dem Wagen! Stünde ich nur erst in der warmen Stube in all der Pracht und Herrlichkeit! Und dann −? Ja, dann kommt gewiß noch etwas viel Schöneres, Besseres, denn warum würde man mich sonst so aufputzen? Es muß noch etwas Höheres, Herrlicheres folgen! Aber was? Oh, wie ich mich sehne! Wie ich leide! Ich weiß selbst nicht, wie mir ist.«

»Freue dich über uns«, sagten Luft und Sonnenschein, »freue dich deiner glücklichen Jugend hier draußen im Walde!«

Aber der Baum freute sich durchaus nicht; er wuchs und wuchs. Winter und Sommer stand er da in seinem grünen Kleide, und die Leute, die ihn sahen, sagten: »Ei, das ist ein schöner Baum!« Zur Weihnachtszeit war er denn auch der erste von allen, welche gefällt wurden. Die Axt ging ihm tief ins Mark, und mit einem Seufzer fiel er zu Boden. Der Schmerz machte ihn so ohnmächtig, daß ihm alle Gedanken an Glück vergingen. Und auch die Trennung von der Heimat tat ihm weh, von dem Fleck, wo er aufgewachsen war. Er wußte wohl, daß er die lieben alten Kameraden und die kleinen Büsche und Blumen ringsum nie wieder sehen würde, ja vielleicht nicht einmal die Vögel. Die Abreise war durchaus kein Vergnügen.

Der Tannenbaum kam erst wieder zur Besinnung, als er
mit den andern in einem Hofe abgeladen und zum Ver-
kauf gestellt wurde.

Er hörte einen Herrn sagen: »Dieser hier ist prächtig, wir
brauchen uns nach keinem andern umzusehen.«

Nun kamen zwei herrschaftliche Diener und trugen den
Baum in einen großen, schönen Saal. Ringsum an den
Wänden hingen schöne Gemälde, und auf dem Kamin-
sims standen chinesische Vasen, deren Deckel mit
Löwen verziert waren. Die prächtigen Polstermöbel wa-
ren mit Seidendamast bezogen und die Tische mit
Bilderbüchern und Spielzeug für tausend und abertau-
send Mark – wenigstens sagten die Kinder so – bedeckt.
Der Tannenbaum wurde nun in ein großes, mit Sand

gefülltes Gefäß gestellt. Das war ganz mit grünem Stoff verhüllt und stand auf einem schönen, bunten Teppich. Oh, wie der Baum vor Wonne bebte! Was würde nun wohl geschehen? Die Diener trugen auf großen Präsentierbrettern allerlei schöne, glitzernde Sachen herbei, und die Damen des Hauses schmückten den Baum. Kleine, aus farbigem Papier geschnittene Netze, die mit Zuckerwerk gefüllt waren, wurden an seinen Zweigen befestigt; vergoldete Äpfel und Nüsse strahlten aus dem dunklen Grün, als ob sie angewachsen wären, und unzählige rote, blaue, gelbe und weiße Lichter zierten den Baum. Zuckerpüppchen, die zum Küssen niedlich aussahen, schwebten im Grünen, und ganz oben an der Spitze wurde ein Stern von Flittergold befestigt. Das war herrlich, unvergleichlich prächtig!

»Wie wird er erst heute abend strahlen!«, sagten sie alle.

»Ach, wenn es doch nur erst Abend wäre«, dachte der Baum. »Wenn nur die Lichter erst angezündet würden! Und was ereignet sich dann wohl weiter? Ob die Bäume aus dem Walde kommen, mich anzusehen? Ob die Sperlinge gegen die Fensterscheiben fliegen? Ob ich hier festwachse und den Winter und Sommer im Schmuck stehenbleibe?«

Ja, er machte sich schöne Illusionen! Die Borke tat ihm ordentlich weh vor lauter Sehnsucht, und das ist bei einem Baum gerade so schlimm, wie Kopfschmerzen bei einem Menschen.

Nun wurden die Lichter angezündet. Welcher Glanz! Welche Pracht! Die Tanne bebte an allen Zweigen, so daß eins der Lichter die Nadeln versengte. Das schmerzte!

»Gott bewahre uns!« riefen die Damen und löschten die Glut hastig aus.

Nun wagte der Baum nicht einmal mehr zu zittern, vor Angst, daß ihm etwas von seinem schönen Schmuck verlorenging. Er war ganz betäubt von all dem Glanz – und nun flogen die Flügeltüren auf, und eine Menge Kinder stürzte herein. Die Erwachsenen folgten langsamer nach. Einen Augenblick standen die Kleinen ganz stumm, aber dann jubelten sie, daß es nur so schallte. Sie tanzten um den Baum herum und freuten sich über ihre Geschenke.

„Was wird nun kommen?« dachte der Baum. Und die Lichter brannten allmählich nieder bis an die Zweige; dann wurden sie eins nach dem andern ausgelöscht, und als sie alle verlöscht waren, erhielten die Kinder die Erlaubnis, den Baum zu plündern. So ungestüm fuhren sie über ihn her, daß er in allen Zweigen knackte; wäre er nicht mit der Spitze an der Decke befestigt gewesen, so wäre er umgestürzt.

Die Kinder kehrten wieder zu ihrem prächtigen Spielzeug zurück. Keiner kümmerte sich mehr um den Baum, außer dem alten Kinderfrauchen, das sich noch damit zu schaffen machte; aber es war nur, um zu sehen, ob nicht etwa eine Feige oder ein Apfel in seine Zweigen vergessen wäre.

»Eine Geschichte, eine Geschichte!« riefen die Kinder und zogen einen kleinen, dicken Mann nach dem Tannenbaum. Er setzte sich gerade unter denselben. »Da sind wir hübsch im Grünen«, sagte er, »und dem Baum kann's auch nicht schaden, wenn er zuhört. Aber ich erzähle nur eine Geschichte. Wollt ihr die von Ivede-

Avede hören oder die von Klumpe-Dumpe, der die Treppe hinunterfiel und doch zu Ehren kam und die Prinzessin heiratete?«

»Ivede-Avede!« schrien einige.

»Klumpe-Dumpe!« schrien die andern. Das war ein Rufen und Schreien; nur der Tannenbaum schwieg ganz still und dachte: »Welche Rolle werde ich spielen?«

Ach, seine Rolle war schon ausgespielt; aber er ahnte es nicht. Und der Mann erzählte von Klumpe-Dumpe, welcher die Treppe hinunterfiel und doch zu Ehren kam und die Prinzessin heiratete. Die Kinder klatschten in die Hände und riefen »Mehr, mehr!« Sie wollten auch gern die Geschichte von Ivede-Avede hören; aber sie mußten sich mit Klumpe-Dumpe begnügen. Der Tannenbaum stand ganz still und gedankenvoll. Dergleichen hatten die Vögel im Walde nie erzählt. Ja, ja, so ging es in der Welt zu. Er glaubte alles aufs Wort, weil es ein so rechtschaffener Mann erzählt hatte. Klumpe-Dumpe fiel die Treppe hinunter und bekam doch die Prinzessin. Wer weiß, vielleicht geht es mir ebenso. Und er freute sich darauf, am folgenden Tage wieder mit Lichtern und Spielzeug, Schaumgold und Früchten geschmückt zu werden.

»Morgen werde ich nicht wieder beben«, dachte er. »Ich will die ganze Herrlichkeit aus dem Grunde genießen. Gewiß werde ich morgen wieder die schöne Geschichte von Klumpe-Dumpe hören, und vielleicht auch noch die von Ivede-Avede.« Schweigend und gedankenvoll stand der Baum die ganze Nacht. Am Morgen kamen der Diener und das Stubenmädchen herein.

»Nun fängt die Herrlichkeit von neuem an«, dachte der Baum: aber sie trugen ihn aus dem Zimmer, die Treppe hinauf auf den Boden, und da stellten sie ihn in eine dunkle Ecke, wo kein Tageslicht hinschien.

»Was soll denn das bedeuten?« dachte der Baum. »Was soll ich hier wohl anfangen? Werde ich auch hier schöne Geschichten hören?«

Er lehnte sich gegen die Mauer und sann und sann – und er hatte Zeit genug dazu, denn es vergingen Tage und Nächte. Niemand kam herauf, und wenn es doch einmal geschah, so war es nur, um leere Kisten beiseite zu stellen. Der Baum war schon ganz dahinter versteckt. Sollte man ihn gänzlich vergessen haben?

»Nun ist es Winter draußen«, dachte der Baum. »Die Erde ist hart und mit Schnee bedeckt. Da können mich die Menschen jetzt nicht wieder einpflanzen, deshalb soll ich wohl hier bis zum Frühjahr ungestört bleiben. Das ist wohl überlegt. Die Menschen meinen es doch sehr gut mit mir. Wenn es nur nicht so dunkel und so schrecklich einsam wäre. Nicht einmal ein kleiner Hase! – Es war doch hübsch draußen im Walde, wenn der Schnee lag und der Hase vorbeisprang; ja sogar, wenn er über mich hinwegsetzte, obgleich es mich damals sehr ärgerte. Hier oben ist es doch zu einsam.«

»Piep, piep«, sagte da eine kleine Maus und huschte aus dem Loche hervor, und dann kam noch eine. Sie beschnüffelten den Tannenbaum und schlüpften in seine Zweige.

»Es ist abscheulich kalt«, sagten die kleinen Mäuse, »sonst wäre es hier sehr nett. Meinst du nicht auch, alter Tannenbaum?«

»Ich bin gar nicht alt«, sagte die Tanne. »Es gibt viel ältere, als ich bin.«

»Wo kommst du her?« fragten die Mäuse, »und was weißt du?« Sie waren so entsetzlich neugierig. »Erzähle uns etwas von dem schönsten Ort der Welt. Bist du dort gewesen? Wir meinen in der Speisekammer, wo die Schinken von der Decke herabhängen und die Käse auf langen Brettern liegen; wo man mager hineingeht und fett herauskommt.«

»Nein, davon weiß ich nichts«, sagte der Baum, »aber den Wald kenne ich und die Vögel und den Sonnenschein.« Und dann erzählte er alles aus seiner Jugend, und die kleinen Mäuse, die früher nie dergleichen gehört hatten, horchten auf und sagten: »Nein, wieviel du gesehen hast!«

»Ich?« sagte der Baum und überdachte noch einmal, was er eben erzählt hatte. »Ja, es war eigentlich eine hübsche Zeit gewesen.« Aber dann erzählte er von dem Weihnachtsabend, wo man ihn mit Lichtern und Zuckerwerk geschmückt hatte.

»Ach«, sagten die kleinen Mäuse, »muß das ein Glück gewesen sein, du alter Tannenbaum!«

»Ich bin durchaus nicht alt«, erwiderte der Tannenbaum, »ich bin in meinen besten Jahren. Erst diesen Winter bin ich aus dem Walde gekommen.«

»Wie schön du erzählst«, sagten die kleinen Mäuse, und in der nächsten Nacht brachten sie noch vier andere mit, die den Baum auch erzählen hören sollten. Aber je mehr er aus seiner Jugend erzählte, desto deutlicher fiel ihm alles wieder ein, und er sagte sich: »Es war doch eine schöne Zeit! Konnte sie denn nicht wiederkehren? Klumpe-Dumpe fiel die Treppe hinunter und bekam doch die Prinzessin. Vielleicht ist für mich auch eine da.« Dabei dachte er an eine niedliche, kleine Birke, die draußen im Walde wuchs. Sie war für den Tannenbaum eine richtige, schöne Prinzessin.

»Wer ist Klumpe-Dumpe?« fragten die kleinen Mäuse. Da erzählte ihnen der Tannnenbaum das ganze Märchen. Es war ihm kein einziges Wort entfallen. Die kleinen Mäuse tanzten vor Entzücken in seinen Zweigen. In der folgenden Nacht kamen noch mehr, und am Sonntag sogar zwei Ratten. Aber die fanden die Geschichte gar nicht hübsch, und das betrübte die kleinen Mäuse, denn nun konnten sie sich auch nicht mehr so darüber freuen.

»Weißt du nur die eine Geschichte?« fragten die Ratten.

»Ja, nur die eine«, antwortete der Baum. »Die hörte ich an dem glücklichsten Abend meines Lebens: aber damals wußte ich nicht, wie glücklich ich war.«

»Das ist eine ganz erbärmliche Geschichte. Kennst du keine Speisekammergeschichte, von Wurst und Speck?«

»Nein«, sagte der Baum.

»Dann danken wir bestens!« erwiderten die Ratten und gingen stolz zu ihrer Sippe zurück.

Auch die kleinen Mäuse blieben schließlich weg. Da seufzte der Baum: »Es war doch hübsch, als die kleinen, beweglichen Dinger um mich herum saßen und zuhörten, wie ich erzählte. Nun ist auch das vorbei! – In Zukunft will ich mich zur rechten Zeit freuen. Wenn ich nur erst wieder draußen bin!«

Aber wann geschah das? – Eines Morgens kamen Leute und stöberten auf dem Boden herum. Die Kisten wurden weggeräumt, und der Baum kam zum Vorschein. Sie warfen ihn unsanft auf den Fußboden, und dann ging's kopfüber die Treppe hinter auf den Hof.

»Nun beginnt das Leben wieder«, dachte der Baum. Er fühlte die frische Luft und die ersten Sonnenstrahlen und vergaß vor Wonne, sich selbst zu betrachten. Es gab ja auch so viel ringsum zu sehen. Der Hof stieß an einen Garten, und da blühte und duftete es drin. Prangende Rosen hingen über den Zaun, und die bunten Sommerblumen wiegten sich in der balsamischen Luft. Die Schwalben flogen hin und her und zwitscherten »Quivitt, quivitt, mein Mann ist gekommen«; aber den Tannenbaum meinten sie damit nicht.

»Nun werde ich leben und mich des Lebens freuen«, dachte der Baum und breitete seine Zweige weit aus. Ach, sie waren alle vertrocknet und gelb, und er lag in einem Winkel zwischen Unkraut und Nesseln. Nur der Stern von Flittergold saß noch oben in der Spitze und glänzte im Sonnenschein. In dem Hofe spielten die Kinder, welche am Weihnachtsabend um den Tannenbaum getanzt und sich so über ihn gefreut hatten. Der kleinste Knabe lief hin und riß ihm den Goldstern ab.

»Sie einer, was sich der alte, hässliche Weihnachtsbaum noch aufgehoben hat«, sagte er und trat mit seinen kleinen Stiefeln auf die Zweige, daß sie knackten. Der Baum aber sah auf die Blumenpracht und Frische des Gartens und sah sich selber an und wünschte, daß er in seinem dunkeln Winkel auf dem Boden geblieben wäre. Er dachte an seine fröhliche Jugend draußen im Walde, an den herrlichen Weihnachtsabend und an die kleinen Mäuse, die mit solcher Freude die Geschichte von Klumpe-Dumpe angehört hatten.

»Vorbei, vorbei!« seufzte der arme Baum. »Hätte ich mich doch gefreut, als ich es gut hatte; vorbei, vorbei!«

Bald kam denn auch der Knecht und zerhackte den Baum in kleine Stücke. Hei! wie die lustig unter dem großen Waschkessel flackerten und knatterten – wie Schüsse. Die Kinder liefen herbei, setzten sich vor das Feuer und riefen: »piff, paff, puff!« Aber jeder Knall war ein tiefer Seufzer, und der Baum dachte dabei an die schönen Sommertage im Walde oder an die Winternächte da draußen, wenn die Sterne funkelten. Er dachte an den Weihnachtsabend und an Klumpe-Dumpe, das einzige Märchen, welches er gehört hatte und erzählen konnte. – Und dann war auch das letzte Stückchen verbrannt. Die Kinder spielten im Garten. Das kleinste hatte den Goldstern an der Brust, den der Baum an seinem glücklichsten Abend getragen hatte. Der war längst vorbei, und mit dem Tannenbaum war es vorbei, und mit der Geschichte auch. Vorbei, vorbei – und so geht es mit allen Geschichten.

DAS WEIHNACHTSBÄUMLEIN
Christian Morgenstern

Es war einmal ein Tännelein,
mit braunen Kuchenherzlein
und Glitzergold und Äpflein fein
und vielen bunten Kerzlein:
Das war am Weihnachtsfest so grün,
als fing es eben an zu blühn.

Doch nach nicht gar zu langer Zeit,
da stand's im Garten unten,
und seine ganze Herrlichkeit
war, ach, dahingeschwunden.
Die grünen Nadeln war'n verdorrt,
die Herzlein und die Kerzlein fort.

Bis eines Tags der Gärtner kam,
den fror zu Haus im Dunkeln,
und es in seinen Ofen nahm –
hei! tat's da sprühn und funkeln!
Und flammte heim- und himmelwärts
in hundert Flämmlein an Gottes Herz.

SCHICKSAL EINES CHRISTBAUMS
Eugen Adam

Gar gern am stillen Waldessaum,
da steht ein junger Tannenbaum.
Der Wind streicht durch sein grünes Kleid.
Wie lange wird ihm doch Zeit!

Da plötzlich kam zum grünen Tann
mit blanker Axt ein finstrer Mann.
Der schlägt die zarte Tanne um,
sagt nicht wohin und nicht warum.

Der hat sie auf den Schlitten sacht
zum Christmarkt in die Stadt gebracht,
wo bunt die Leut' des Weges wandeln.
Ein reicher Herr tat sie erhandeln.

Und als der Heilige Abend war,
da jubelt laut die kleine Schar,
da strahlt der Christbaum hell von Kerzen,
voll Spielzeug und voll Zuckerherzen.

Das Zuckerzeug war bald verzehrt,
da ward der Christbaum abgeleert.
Wehmütig stehn herum die Kleinen:
Aufs Jahr erst gibt es wieder einen.

Drei Tage nach dem heil'gen Christ,
da lag er draußen auf dem Mist.
Der Wind strich durch sein grünes Kleid.
Dahin ist alle Herrlichkeit!

MEINE WEIHNACHTSKRIPPE

Johannes Derksen

*E*igentliche müßte ein »n« am Schlusse stehen;
denn ich hatte viele Weihnachtskrippen in meinen
65 Lebensjahren. Aber ich will von meiner persönlichen

Krippe erzählen, die mich fast vierzig Jahre lang als Priester begleitet hat.

Als ich 1924 die Sub- und Diakonatsweihe empfangen hatte und damit die Entscheidung für meine Zukunft als Priester gefallen war, hörte ich im Dezember, daß ein alter Schnitzer in Innsbruck seine Krippe verkaufen wollte. Sie sollte 50 Schilling kosten. Das war damals nach der Inflation sehr viel Geld, besonders für einen Studenten, der sehen mußte, wie er sein Studium bezahlte. Ich ging also vom Priesterseminar am Inn in die Bahnhofsgegend und fand den Schnitzer hoch oben in seiner Dachkammer. Die Wände waren mit Kohleskizzen bedeckt. Auf seiner Liegestatt lag ein Lammfell als Zudecke. Er selbst sah aus wie ein echter Tiroler Berghirte mit seinem struppigen Haar. Ich sah, wie er aus der Hand heraus die Figuren schnitzte. Er war noch nicht ganz fertig. So schaute ich ihm zu, wie genial die Schafe unter seinen geschickten Händen entstanden. Wir wurden bald handelseinig. Für ihn war es kein Geschäft; für mich waren die dreißig deutsche Mark viel Geld. Er packte mir die ganze Herrlichkeit mit 40 Figuren ein, fast alle zehn Zentimeter hoch, und ich verabschiedete mich. Wie schwer mag dem Schnitzer das Weggeben gewesen sein! Wie froh aber war er, einen Käufer gefunden zu haben.

Die Figuren waren unbemalt und zeigten ihr kernig gewachsenes Holz aus den Tiroler Bergen. Der Stil war nicht einheitlich. Es waren auch Philosophen darunter. Der Künstler wollte wohl damit sagen, daß außer den Hirten – die natürlich aus Tirol waren, ich kannte ja die Typen in ihrem zwerchenen Überwurf genau – auch »Weise« aus allen Völkern zur Krippe kamen.

Ich will nicht von den vierzig Jahren erzählen.

Jetzt, da ich an der Schreibmaschine sitze und tippe, ist Heiliger Abend 1963. Die Übertragung eines evangelischen Gottesdienstes aus dem Radio kündet es. Es ist 18 Uhr. Der Sturm heult draußen. Aber ich muss schreiben, soeben ist es mir eingefallen.

Die Glocken haben geläutet, die Kinder haben im Radio die uralten Weihnachtslieder gesungen.

Ich habe keine sichtbare Gemeinde mehr. Ich bin abgetakelt; und das ist gut so. Ich will mich darein schicken. Ich will dieses Jahr allein, ohne Gemeinde, Weihnachten feiern und habe viel Zeit, zuviel Zeit dazu.

Gestern abend habe ich meine Krippe in meinem Wohnzimmer auf dem schönen Schrank in Augenhöhe aufgebaut. Über dem Stall ein kleiner Weihnachtsbaum, nur mit Strohsternchen geschmückt, kunstvoll gearbeitet von einer Konvertitin, die sie mir im vorigen Jahr schenkte. Sonst geschah das Aufbauen der privaten Krippe am Heiligabend erst um diese Stunden; denn vorher hatte der Diasporapriester keine Zeit dafür. Der Weihnachtsbetrieb ließ keine Ruhe und Stille aufkommen. Dafür waren aber Hunderte aus der Gemeinde beschert worden und viele, viele Dankesbriefe für die empfangenen Gaben handschriftlich hinausgegangen.

Heute morgen habe ich mir einen Kinderfarbkasten gekauft. Als Ruheständler brauche ich auch eine Beschäftigung, soweit es der kranke Körper erlaubt. Also malen. In vierzig Jahren waren die Figuren der Krippe einmal bemalt worden. War das schön, als ich früher an einigen Abenden am runden Tisch mit meinem geliebten Missionspater, der mein Kaplan war, die Figuren bemalte. Das war

Freude für uns beide. Er ging so gern auf meine Ideen ein. Jetzt sind die Farben verblasst. So saß ich denn vor zwei Stunden und habe gepinselt. Nicht kunstgerecht, sondern wie ich alles machen muß, so gut es eben geht. Und es muß gehen, da es ja doch kein anderer für mich tut.

Eigentlich wollte ich eine neue Krippe kaufen, aber dann habe ich der alten Krippe die Treue gehalten. Ich habe dabei an die Seelenruhe des alten Künstlers von Innsbruck gedacht. Er hat die Krippe aus seinem kindlich frommen Gemüt geschnitzt, das wird ihm der Herr in der Herrlichkeit nicht vergessen. Er hätte ja auch anderes schnitzen können, womit er mehr Geld hätte verdienen können. Aber er war noch von der alten Art, trotz Kriegs- und Nachkriegsnöten. Doch wie sehen die Figuren nach vierzig Jahren aus! Dem einen Hirten fehlen die Beine, die Stümpfe stecken in einem Weinkorkstopfen; man wird es im Moos nicht sehen. Ein Schäfchen hat nur noch zwei Beine, anderen fehlen die Ohren. Aber so sind die Schäfchen Seiner Herde ja auch beschädigt. Nur Er, das Lamm Gottes, ist allein untadelig. Und doch hat Er die Mühseligen und Beladenen, die Amputierten und Kriegsverletzten, die seelisch Verkümmerten als Schafe Seiner Herde angenommen, denen Er der Gute Hirte sein will in alle Ewigkeit.

Das Christkind wurde bemalt: das Stroh gelb, die Linnen schneeweiß, der Körper rosarot. Der graue Esel hatte seine Farbe behalten, ebenso der Ochs an der Krippe, er ist bunt gescheckt.

Dieser Hirte bekommt einen braunen Mantel, der junge Hirte einen grünen Leibrock; dem alten Juden, der zu den wenigen gehört, die auf die Hoffnung Israels harrten, male ich einen gelben Spitzhut, den er ehrfürchtig schon in den Händen hält; denn zum König aus dem Stamme Juda muß er unbedeckten Hauptes gehen.

Ich werde heute nicht fertig mit Bemalen. So habe ich die ganze Weihnachtszeit daran eine schöne Beschäftigung, die mich freut.

Zum Abendessen werde ich meinen Talar anziehen, nachher werden wir zwei, die wir uns seit Jahrzehnten gegenseitig in der Diasporaseelsorge geholfen haben, vor der Krippe allein sein.

Mein ganzes Priesterleben habe ich vor Weihnachten für Krippen in den Familien gesorgt, die Jungen angeleitet, Ställe zu basteln. Wie viele Krippen habe ich gekauft und verteilt! Wie oft habe ich zu Weihnachten persönlich mitgebaut an der Krippe! In Krankenhäusern standen wenigstens Papierkrippen unter dem Weihnachtsbaum des Saales. Der katholische Pfarrer hatte sie den Schwestern geschenkt zu einer Zeit, da ich noch bei 33 Weihnachtsfeiern die Ansprache zusammen mit den evangelischen Pfarrern halten durfte.

Die schönste Krippe aber wurde seit 1949 im Portal des Turmes meiner Pfarrkirche, wo sich die Taufkapelle befindet, so gebaut, daß sie nach außen für jedermann sichtbar war und den ganzen Tag von stillen Beschauern besucht wurde. Davor stand auf einer großen Holztafel das Weihnachtsevangelium, von einem Künstler aufgemalt.

Die Krippe für alle.

Wie viele Mütter mit Kindern sind gekommen, um die Krippe zu betrachten! Ein schönes Wort fiel von evangelischer Seite: »Das ist ja wie in der Schrift.«

Vor der Krippe sangen wir nach der Mitternachtsmesse

draußen mit der ganzen Gemeinde »Stille Nacht, heilige Nacht«. Darüber im Bogenfeld des geradezu königlichen Portals die zweite Ankunft in Herrlichkeit.

Das ist nun nicht mehr meine Aufgabe. Ich habe sie meinem Nachfolger als Verkündigung an alle ans Herz gelegt; denn viele Häuser sind nahe der Kirche entstanden, in denen Kinder nicht mehr getauft werden.

Soeben habe ich die weihnachtliche Vesper gebetet und höre jetzt wieder Weihnachtslieder. Welch eine andere Welt, in der Mönche und Priester das heilige Offizium beten und singen. Ich denke an die Zisterziensermönche im finsteren Urwald des jetzigen Erzgebirges vor über siebenhundert Jahren. Damals gab es weder Weihnachtsbaum noch Krippe; denn Franziskus war noch nicht geboren. Die spartanisch lebenden Mönche und Konversen aber feierten doch Weihnachten, aber ohne den Weihnachtsbetrieb unserer geschäftigen Tage. Sie beteten und sangen mit der Inbrunst ihres Herzens. Und ich denke an das erste und bedeutende Kloster im Bistum Meißen, zweihundert Jahre nach der Gründung des Bistums erst entstanden.

Ich will meine kurze Betrachtung schließen.

Wir werden gleich zu zweit die Weihnachtslieder aus unserem »Laudate« singen. Morgen früh aber werde ich an der Krippe die Hirtenmesse feiern und dabei meines plattdeutschen Gedichtes gedenken, das ich vor drei Jahren in meiner Krankheit niederschrieb:

»Door hej den olden ärmen Hömmel!«

»Da hast Du den alten armen Wackelgreis!«

Es ist Lebensabend, wenn ich auch noch viel kann. Aber ich muß mit jedem Weihnachten damit rechnen, daß es meine letzte Weihnacht hier auf Erden ist.

Ich höre im Radio die evangelische Gemeinde singen und beten. Das ist mein Trost. Das religiöse Leben ist nicht tot, auch wenn es noch so scheint.
Und ich will morgen mit St. Martinus sagen:
»Herr, wenn ich Deiner Kirche noch dienen kann, ich verweigere die Arbeit nicht.«
Das kleine Kind mit dem schwachen und doch so starken Arm wird mich segnen. Nein, Er, der Mächtige, der Allherrscher in der Herrlichkeit des Vaters, dessen Leben so arm begonnen hatte, wird mich segnen. Und ich werde vor Ihm niederknien, Ihn in den heiligen Gestalten, die Er eingesetzt hat, hochheben und Ihn empfangen und mit dem Worte aus dem lobpreisenden Psalm 103 bitten:
»Möge mein Dichten Ihm wohlgefallen,
ich aber will mich freuen im Herrn!«
Muß ich für solche Weihnachten nicht dankbar sein?
Die Glocken läuten die Antwort.

WO BLEIBST DU TROST ...
Novalis

Wo bleibst du Trost der ganzen Welt?
Herberg' ist dir schon längst bestellt.
Verlangend sieht ein jedes dich,
Und öffnet deinem Segen sich.

Geuß, Vater, ihn gewaltig aus,
Gib ihn aus deinem Arm heraus:
Nur Unschuld, Lieb' und süße Scham
Hielt ihn, daß er nicht längst schon kam.

Treib ihn von dir in unsern Arm,
Daß er von deinem Hauch noch warm;
In schweren Wolken sammle ihn
Und laß ihn so hernieder ziehn.

In kühlen Strömen send ihn her,
In Feuerflammen lodre er,
In Luft und Öl, in Klang und Tau
Durchdring er unsrer Erde Bau.

So wird der heilge Kampf gekämpft,
So wird der Hölle Grimm gedämpft,
Und ewig blühend geht allhier
Das alte Paradies herfür.

Die Erde regt sich, grünt und lebt,
Des Geistes voll ein jeder strebt
Den Heiland lieblich zu empfahn
Und beut die vollen Brüst' ihm an.

Der Winter weicht, ein neues Jahr
Steht an der Krippe Hochaltar.
Es ist das erste Jahr der Welt,
Die sich dies Kind erst selbst bestellt.

Die Augen sehn den Heiland wohl.
Und doch sind sie des Heilands voll,
Von Blumen wird sein Haupt geschmückt,
Aus denen er selbst holdselig blickt.

Er ist der Stern, er ist die Sonn',
Er ist des ewgen Lebens Bronn,
Aus Kraut und Stein und Meer und Licht
Schimmert sein kindlich Angesicht.

In allen Dingen sein kindlich Tun.
Seine heiße Liebe wird nimmer ruhn,
Er schmiegt sich seiner unbewusst
Unendlich fest an jede Brust.

Ein Gott für uns, ein Kind für sich
Liebt er uns all' herzinniglich,
Wird unsre Speis' und unser Trank,
Treusinn ist ihm der liebst Dank.

Das Elend wächst je mehr und mehr,
Ein düstrer Gram bedrückt uns sehr,
Laß, Vater, den Geliebten gehn,
Mit uns wirst du ihn wiedersehn.

DAS KLEINE MÄDCHEN
MIT DEN SCHWEFELHÖLZERN

Hans Christian Andersen

*E*s war so schrecklich kalt; es schneite, und es fing schon an, ganz dunkel zu werden; es war auch der letzte Abend im Jahr, der Silvesterabend. In dieser Kälte und in dieser Dunkelheit ging ein armes kleines Mädchen barhäuptig und mit bloßen Füßen auf der Straße; sie hatte ja freilich Pantoffel angehabt, als sie von Hause wegging, aber was konnte das nützen! Es waren sehr große Pantoffel, die Mutter hatte sie zuletzt benutzt, so groß waren sie, und die verlor die Kleine, als sie über die Straße eilte, weil zwei Wagen so furchtbar schnell vorüberrollten; der eine Pantoffel war nicht wiederzufinden, und mit dem andern lief ein Junge weg, er sagte, er könnte ihn als Wiege gebrauchen, wenn er selbst Kinder bekäme.

Da ging nun das kleine Mädchen auf den bloßen, kleinen Füßen, die rot und blau vor Kälte waren; in einer alten Schürze trug sie eine Menge Schwefelhölzer, und ein Bund hielt sie in der Hand; den ganzen Tag hindurch hatte ihr niemand etwas abgekauft! Niemand hatte ihr auch nur einen Schilling geschenkt! Hungrig und erfroren ging sie umher und sah so eingeschüchtert aus, die arme Kleine! Die Schneeflocken fielen in ihr langes, blondes Haar, das sich im Nacken so hübsch lockte, aber an den Schmuck dachte sie freilich nicht. Aus allen Fenstern strahlte der Lichterglanz, und dann roch es auf der

Straße so herrlich nach Gänsebraten; es war ja Silvesterabend, ja daran dachte sie.

In einem Winkel zwischen zwei Häusern, von denen das
eine ein wenig mehr vorsprang als das andere, setzte sie
sich hin und kauerte sich ganz zusammen; die kleinen
Beine hatte sie unter sich in die Höhe gezogen, aber es
fror sie nur noch mehr, und nach Hause zu gehen, wagte
sie nicht, sie hatte ja keine Schwefelhölzer verkauft,
hatte nicht einen einzigen Schilling bekommen, ihr Vater würde sie schlagen, und kalt war es zu Hause auch,
sie hatten nur das Dach gerade über sich, und dadurch
pfiff der Wind hinein, obwohl die ärgsten Spalten mit
Stroh und Lumpen zugestopft waren.

Ihre kleinen Hände waren fast ganz abgestorben vor Kälte. Ach, ein kleines Streichhölzchen würde gut tun!
Wenn sie nur den Mut hätte, ein einziges aus dem Bun-
de herauszuziehen, es an der Wand anzustreichen und
die Finger daran zu wärmen! Ratsch! Wie es sprühte,
wie es brannte! Es war eine warme, helle Flamme, ganz
wie ein kleines Licht, als sie die Hände darüber hielt; es
war ein wunderliches Licht, dem kleinen Mädchen war
es, als säße es vor einem großen eisernen Ofen mit blanken Messingkugeln und Messingtrommeln; das Feuer
brannte so herrlich und wärmte so gut; nein, was war
denn das? – Die Kleine streckte schon die Füße aus, um
auch die zu wärmen – da erlosch die Flamme. Der Ofen
verschwand, sie saß mit einem kleinen Überrest des
abgebrannten Schwefelholzes in der Hand da.

Ein zweites wurde angestrichen, es brannte, es leuchtete, und wo der Schein auf die Mauer fiel, ward sie durch-
sichtig wie Flor; sie sah gerade in das Zimmer hinein,

wo der Tisch gedeckt stand. Ein schimmerndweißes Tischtuch war darüber ausgebreitet, darauf stand feines Porzellan, und herrlich dampfte die gebratene Gans, die mit Äpfeln und Zwetschgen gefüllt war; und was noch prächtiger war, die Gans sprang von der Schüssel herunter und watschelte, ein Messer und eine Gabel im Rücken, durch das Zimmer; direkt auf das arme Mädchen kam sie zu; da erlosch das Streichholz, und es war nur noch die dicke, kalte Mauer zu sehen.

Sie zündete ein neues Streichholz an. Da saß sie unter dem schönsten Christbaum, der war noch größer und noch reicher geschmückt, als wie sie ihn am letzten Weihnachtsfeste bei dem reichen Kaufmann durch die Glastür gesehen hatte; tausend Lichter brannten an den grünen Zweigen, und bunte Bilder, wie sie in den Schaufenstern ausgestellt waren, sahen zu ihr herab. Die Kleine streckte beide Hände aus – da erlosch das Streichholz; die vielen Weihnachtslichter stiegen höher und

höher, sie sah, daß sie jetzt die hellen Sterne am Himmel waren, ein Stern fiel nieder und bildete einen langen Feuerstreifen am Himmel.

»Jetzt stirbt jemand!« sagte das kleine Mädchen, denn die alte Großmutter, die einzige, die gut gegen sie gewesen, die jetzt aber gestorben war, hatte ihr erzählt: Wenn ein Stern vom Himmel fällt, fliegt eine Seele zu Gott empor.

Sie strich nochmals ein Hölzchen an der Wand an, es leuchtete ringsumher, und in dem Glanze stand die alte Großmutter so klar und schimmernd, so mild und liebevoll.

»Großmutter«, rief die Kleine, »ach, nimm mich mit! Ich weiß, du bist wieder weg, sobald das Streichholz erlischt, weg wie der warme Ofen, der schöne Gänsebraten und der große, schöne Weihnachtsbaum!« – und schnell strich sie den ganzen Rest Streichhölzer an, die noch im Bund waren, sie wollte Großmutter so recht lange festhalten, und die Streichhölzer leuchteten mit einem solchen Glanz, daß es heller war als am hellen Tage. Die Großmutter war noch nie so schön und so groß gewesen. Sie nahm das kleine Mädchen auf ihre Arme, und sie flogen in Glanz und Freude so hoch, so hoch, und da oben war weder Kälte noch Hunger oder Angst – sie waren bei Gott.

Aber im Winkel am Hause saß in der kalten Morgenstunde das kleine Mädchen mit roten Wangen und mit einem Lächeln um den Mund – tot, erfroren am letzten Abend im alten Jahr. Die Neujahrssonne ging über der kleinen Leiche auf, sie saß mit den Streichhölzern da, von denen ein Bund fast abgebrannt war. »Sie hat sich erwärmen wollen«, sagte man; niemand wußte, was sie Schönes gesehen hatte, in welchen Glanz sie mit der Großmutter zur Neujahrsfreude eingegangen war.

WIEGENLIED

Clemens Brentano

Da droben auf dem Thurme
Da wehet der Wind,
Da wieget im Sturme
Der Adler sein Kind.

Hier unten im Thurme
Hier wehet kein Wind,
Hier betet die Mutter
Und wieget ihr Kind,
Und hat von der Wiege
Zur Krippe ein Band,
Von Glaube und Hoffnung
Und Liebe gespannt.

Weit über die Meere
Die Sehnsucht sie spinnt,
Dort sitzet Maria
Und wieget ihr Kind.
Die Engel, die Hirten,
Drei König und Stern,
Und Öchslein und Es'lein
Erkennen den Herrn.

Wohl über dem Monde
Und Wolken und Wind
Mit Zepter und Krone
Steht Jungfrau und Kind.

Hier unten ward's Kindlein
Am Kreuz ausgespannt,
Dort oben wiegt's Himmel
Und Erd' auf der Hand.

Komm mit, laß uns fliegen
Zu Maria geschwind,
Komm mit! und lern biegen
Dein Knie vor dem Kind,
Komm mit! schnür dein Bündlein,
Schon führet die Hand
Maria dem Kindlein,
Es segnet das Land.

WANJKA

Anton Tschechow

*D*er neunjährige Wanjka Schukow, der seit drei Monaten beim Schuster Aljachin in der Lehre war, ging in der Weihnachtsnacht nicht schlafen, sondern wartete, bis der Meister und die Gesellen zur Messe gegangen waren, holte dann Tinte und Feder aus dem Schrank des Meisters und breitete ein zerknittertes Stück Papier vor sich aus, um zu schreiben. Ehe er den ersten Buchstaben hinmalte, blickte er ein paarmal scheu auf Tür und Fenster, schielte auch zum dunklen Heiligenbild, das zwischen den Gestellen mit den Leisten hing, und seufzte mehrmals. Das Papier lag auf der Bank, er selbst kniete davor auf dem Boden.

»Liebes Großväterchen Konstantin Makarytsch!« schrieb er. »Ich schreibe Dir einen Brief. Ich wünsche Dir ein schönes Weihnachtsfest und alles Gute vom lieben Gott. Ich habe ja keinen Vater und kein Mütterchen mehr, nur Du bist mir geblieben.«

Wanjkas Augen hingen an dem dunklen Fenster, wo das Spiegelbild seiner Kerze flackerte, und er stellte sich seinen Großvater Konstantin Makarytsch, der beim Gutsbesitzer Schiwarjow als Nachtwächter diente, leibhaftig vor. Er war ein kleiner, magerer, aber ungewöhnlich flinker und beweglicher Mann von ungefähr fünfundsechzig Jahren mit lachendem Gesicht und trunkenen Augen. Tags schläft er in der Gesindeküche oder schäkert mit den Köchinnen; nachts aber schreitet er, in einen weiten

Schafspelz gehüllt, die Besitzung ringsum ab und klopft auf sein Holzbrett. Hinter ihm trotten mit gesenktem Kopf die alte Kaschtanka und der kleine Wjun (Teufelchen), so genannt, weil er ganz schwarz und so lang und schmal wie ein Wiesel ist. Dieser Wjun tut immer ungemein unterwürfig und zärtlich, er schaut sowohl die eigenen Leute als auch fremde gleich freundlich an; trotzdem ist er nicht beliebt. Hinter seiner Zutraulichkeit und Demut verbirgt sich nämlich die tückischste Hinterlist. Niemand versteht es besser als er, sich rechtzeitig anzuschleichen und nach einer Wade zu schnappen, in den Eiskeller einzudringen oder den Bauern ein Huhn zu stehlen. Man hat ihm schon oft mit nachgeworfenen Knüppeln die Hinterbeine fast gebrochen, zweimal hat man ihn gehängt, jede Woche wird er beinahe totgeprügelt, doch immer kommt er mit dem Leben davon.

Gewiß steht der Großvater jetzt beim Hoftor, blinzelt zu den erleuchteten Fenstern der Dorfkirche hinüber, tritt in seinen Filzstiefeln vom einen Bein aufs andere und scherzt mit dem Gesinde. Sein Klopfbrett hängt am Gürtel. Er reibt sich die Hände, schüttelt sich vor Kälte und zwickt mit greisenhaftem Gekicher bald eine Zofe, bald eine Köchin.

»Eine kleine Prise?« sagt er und bietet den Weibern seine Schnupftabaksdose an. Und die Weiber schnupfen und niesen. Das freut den Großvater über alle Maßen, er bricht in belustigtes Lachen aus und ruft: »Feste! Ist es eingefroren?«

Auch die Hunde müssen schnupfen. Kaschtanka niest, rümpft die Nase und verzieht sich beleidigt. Wjun hingegen niest aus Ehrfurcht nicht, sondern wedelt mit dem

Schwanz. Das Wetter ist herrlich, die Luft still, klar und erfrischend. Die Nacht ist dunkel, doch man sieht das ganze Dorf mit seinen weißen Dächern und den Rauchwölkchen, die aus den Schornsteinen aufsteigen, die silberbereiften Bäume und die Schneewehen. Der Himmel ist übersät mit fröhlich blinkenden Sternlein, und die Milchstraße zeichnet sich so deutlich ab, als wäre sie vor den Feiertagen mit Schnee gewaschen und blankgerieben worden ...

Wanjka seufzte, tauchte die Feder ein und schrieb weiter. »Gestern bekam ich Prügel. Der Meister zog mich an den Haaren auf den Hof und verbleute mich mit dem Knieriemen, weil ich eingeschlafen war, als ich denen ihr Kindchen in der Wiege schaukeln sollte. Und vorige Woche trug mir die Meisterin auf, einen Hering zu putzen, aber ich fing beim Schwanz an, und da nahm sie den Hering und stieß mir den Kopf an die Nase. Und was die Gesellen sind, die verspotteten mich, ich muß für sie in der Schenke Schnaps holen und bei den Meistersleuten Gurken stehlen, aber der Meister prügelt mich dann mit allem, was ihm gerade in die Hände fällt. Und das Essen ist ganz schlecht. Morgens gibt es Brot, mittags Grütze und abends wieder Brot, was aber Tee und Kohlsuppe ist, das fressen sie selbst. Und schlafen muß ich im Flur, wenn aber denen ihr Kindchen schreit, schlafe ich überhaupt nicht, dann muß ich die Wiege schaukeln. Liebes Großväterchen, tu mir um Himmels willen die Liebe und nimm mich von hier fort, ins Dorf nach Hause, ich kann es hier nicht aushalten ... Ich bitte Dich auf den Knien, ich werde ewig für Dich beten, nimm mich von hier fort, sonst muß ich sterben ...«

Wanjka verzog den Mund, rieb sich mit der schmutzigen Faust die Augen und schluchzte auf.

»Ich will Dir den Tabak kleinhacken«, fuhr er fort, »und zum lieben Gott für Dich beten, und wenn ich etwas nicht recht mache, dann prügle mich nur tüchtig. Glaub nicht, daß ich nichts zu arbeiten hätte. Ich werde den Verwalter bitten, ihm die Stiefel putzen zu dürfen, oder ich kann an Fedjkas Stelle die Schafe hüten. Liebes Großväterchen, ich halte es nicht aus, es ist wirklich zum Sterben. Ich wäre gern zu Fuß ins Dorf zurückgelaufen, aber ich habe keine Stiefel, und ich fürchte mich vor dem Frost. Und wenn ich groß bin, werde ich Dir dafür zu essen geben und nicht zulassen, daß Dir einer etwas zuleide tut, und wenn Du stirbst, werde ich für dich beten wie für Mütterchen Pelageja. Und Moskau ist eine große Stadt. Lauter hohe Herrschaftshäuser und viele Pferde gibt es hier, aber keine Schafe, und die Hunde beißen nicht. Hier ziehen die Kinder nicht mit dem Stern herum, und man wird auch nicht auf den Kirchenchor zum Singen gelassen; aber einmal sah ich im Schaufenster, daß die Angelhaken fixfertig mit der Leine gehandelt werden, für alle Fische, sehr schön, und ein Haken war dabei, mit dem könnte man einen Wels von einem halben Zentner festhalten. Und in einem Laden sah ich alle möglichen Gewehre, wie der gnädige Herr sie hat, so daß jedes hundert Rubel kosten mag. Und in den Fleischerläden hängen Auerhähne und Rebhühner und Hasen, aber wo sie geschossen werden, das sagen die Leute im Laden nicht.

Liebes Großväterchen, wenn bei der Herrschaft Weihnachtsbescherung ist, nimm für mich die vergoldete Nuß vom Christbaum mit und leg sie in Dein grünes Kästchen. Bitte Fräulein Olga Ignatjewna darum, sag ihr, es ist für Wanjka.«

Wanjka seufzte krampfhaft und blickte wieder aufs Fenster. Er dachte daran, wie der Großvater jedes Jahr die Tanne für die Herrschaft im Wald holte – stets hatte er mitgehen dürfen. Das war immer ein schöner Tag! Der Großvater ächzte, und der Frost ächzte, und wenn Wanjka das hörte, mußte er auch ächzen. Ehe der Großvater die Tanne fällt, bleibt er lange Zeit stehen, raucht sein Pfeifchen, schnupft bedächtig und neckt den frierenden Wanjuscha ... Die reifbedeckten Tannen warten regungslos, welche von ihnen ihr Leben lassen muß. Plötzlich rennt irgendwoher ein Hase pfeilschnell über die Schneewehen. Da kann Großvater nicht an sich halten und ruft: »Fang ihn, fang ihn! Ach, der kurzschwänzige Halunke!«

Die gefällte Tanne trug der Großvater ins Herrenhaus, und dort wurde sie geschmückt ... Am meisten kümmerte sich Fräulein Olga Ignatjewna darum, Wanjkas Gönnerin. Als Pelageja, Wanjkas Mutter, noch lebte und bei der Herrschaft Stubenmädchen war, konnte Olga Ignatjewna dem kleinen Wanjka oft Süßigkeiten geben, und aus lauter Langeweile lehrte sie ihn schreiben, lesen, bis hundert zählen und sogar Quadrille tanzen. Aber nach Pelagejas Tod wurde das Waisenkind Wanjka zum Großvater in die Gesindestube gesteckt und kam dann aus der Küche nach Moskau zum Schuster Aljachin ...

«Komm zu mir, liebes Großväterchen«, schrieb Wanjka weiter. »Ich flehe Dich an, nimm mich um Christi willen von hier fort. Hab Mitleid mit dem armen Waisenkind, denn hier prügeln mich alle, und ich leide auch Hunger, und alles ist so traurig, daß ich immerzu weinen muß. Und neulich schlug mich der Meister mit dem Leisten auf den Kopf, daß ich hinfiel und kaum wieder aufstehen konnte. Mein Leben ist unglücklich, schlimmer als das irgendeines Hundes. Und dann lasse ich Aljona grüßen und den einäugigen Jegorka und den Kutscher, und was meine Mundharmonika ist, die darfst Du keinem geben. Ich verbleibe Dein Enkel Iwan Schukow, liebes Großväterchen, komm mich holen.«

Wanjka faltete das beschriebene Papier viermal zusammen und steckte es in den Umschlag, den er gestern für eine Kopeke gekauft hatte ... Nach längerem Nachdenken tauchte er die Feder ein und schrieb die Adresse: Ans Großväterchen im Dorf.

Er kratzte sich den Kopf, überlegte und setzte hinzu: »Konstantin Makarytsch«. Zufrieden, dass niemand ihn am Schreiben gehindert hatte, stülpte er die Mütze auf und lief, ohne erst sein Pelzmäntelchen anzuziehen, in Hemdsärmeln auf die Straße.

Er hatte die Leute im Fleischerladen tags zuvor gefragt und erfahren, Briefe müßten in Postkästen geworfen werden, von dort würden sie von betrunkenen Kutschern im Dreispänner mit hellklingelnden Glöckchen über die ganz Erde befördert. Wanjka lief zum nächsten Postkasten und steckte den kostbaren Brief in den Schlitz ...

Von süßen Hoffnung eingelullt, schlief er eine Stunde später frohgemut ein. Er träumt von einem großen Ofen. Auf dem Ofen sitzt der Großvater, mit den bloßen Füßen baumelnd, und liest den Köchinnen den Brief vor ...

Wjun schleicht um den Ofen herum und wedelt mit dem Schwanz ...

WEIHNACHTEN IM BAHNWÄRTERHÄUSCHEN

H. Villinger

*E*s war zur Nachmittagszeit: hoch droben an einem Bahnwärterhäuschen der Schwarzwaldbahn lag der Mann auf dem Bett und fieberte; es hatte ihn plötzlich angefallen, er wusste nicht, wie. Die Frau hatte einen heißen Tee gekocht und ihn dem Manne aufgenötigt, die hoffte, ihn damit munter zu machen; der Jockele, der einzige Bub, lag ihr schon den ganzen Tag in den Ohren: »Aber gelt, Mutter, jetzt gehst du hinunter und holst mir was zu Weihnachten?« Dass er am Heiligen Abend nichts als ein nacktes Bäumchen haben sollte, schien ihm das Schmerzlichste, was es auf dieser Welt gab.

Da raffte sich die Frau auf. »Mann«, sagte sie, »in zwei Stunden bin ich gut wieder oben; 's ist halt doch Weihnachten, da soll kein Kind leer ausgehn; meinst nit, dass ich dem Büble was holen könnt'?« – »Ja, ja«, nickte der Bahnwärter. »Hör, Jockele«, wandte sich die Frau an den Buben, »pass genau auf: wenn der Zeiger auf fünf Minuten vor fünfe steht, weckst den Vadder und holst ihm die Flagg' und ruhst nit, bis er draußen steht, wann der Zug kommt – hast gehört? Ruhst nit – ich bind' dir's auf die Seel.«

Jockele versprach: »Ich ruh' nit, Mutter, und gelt, vergiss nit: Äpfel brauch' ich und Nüss die Meng' und einen großmächtigen Herzlebkuchen.«

Die Frau kämpfte schon draußen mit Schnee und Wind,

als ihr die helle Kinderstimme noch nachtönte: »Mit Mandeln drin, Mutter, und grüß mir's Christkindle schön, wenn's unterwegs ist.«

Dann saß Jockele vor seinem Bäumchen, starrte es an und klatschte von Zeit zu Zeit in die Hände: denn er sah im Geist schon alle Zweiglein voll Äpfel und Nüsse hängen. Die Mutter konnte zwar erst gegen sechs Uhr wieder oben sein, und es schlug eben vier: trotzdem lief Jockele schon jetzt vor die Tür und schaute nach ihr aus. Hierauf pflanzte er sich vor die gelb und rot gemalte Uhr und sah dem Perpendikel zu, der von außen über das Zifferblatt hing und im Ticktack von einem uralten, staub- und spinnendurchwobenen Dasein erzählte.

Endlich stand der Zeiger da, wo die Mutter es ihm gezeigt hatte, und Jockele verfügte sich zum Bett des schlafenden Vaters und rüttelte ihn an den Schultern. »Vadder«, schrie er ihm in die Ohren, »der Zug!«

Der Mann lag im tiefen Schlaf; ein schwerer Traum schien ihn zu belästigen, aber der Junge wusste, was auf dem Spiel stand, wenn der Vater seine Pflicht versäumte. Er holte die Flagge herbei und drückte sie dem Vater in die Hand; er schleppte den schweren Mantel durch die Stube zum Bett; er schrie und zerrte und riss an dem Schlafenden – vergeblich! Jetzt ertönte draußen das Signal. »Der Zug! Vadder«, schrie der Bub, »steh auf, schnell! Hör mich doch, so hör mich doch!«

»Ja, ja«, murmelte der Mann, »bin schon da« – und kehrte sich gegen die Wand.

»Da muss ich halt hinaus«, sagte sich der Bub, »denn einer muss draußen sein.« Kurz entschlossen fuhr er in den langen schweren Mantel des Vaters, zog sich die

Kapuze über den Kopf, nahm die Flagge und kam gerade noch zur rechten Zeit an Ort und Stelle an; denn wenige Augenblicke später dampfte der Zug vorbei, an der wunderlichen kleinen Gestalt vorüber. Der Schnee hatte Jockele tief eingehüllt; mit großem Ernst präsentierte er die Flagge, und gar lieblich lugte sein rosiges Kindergesicht aus der schneebedeckten Kapuze heraus.

Als solches mochte er vielleicht der Dame erschienen sein, die hinter dem offenen Fenster eines Wagenabteils stand und in die stille Christnacht hinausschaute; denn sie winkte plötzlich mit der Hand, und im nächsten Augenblick flog dem Jockele aus dem vorüberfahrenden Zuge ein Gegenstand vor die Füße; er hob ihn auf und lief damit ins Haus. Dort ließ er den schweren Mantel fallen und eilte zum Fenster, um beim hellen Scheine des Mondes sein Geschenk zu betrachten.

Es war eine kleine, feine Ledertasche, mit lauter neuem Silbergeld angefüllt! Da schrie der Jockele vor Freuden laut auf; an einen Geber dachte er nicht; es war ja Weihnacht – kein Wunder also, wenn Geschenke vom Himmel fielen.

»So, jetzt putz ich's Bäumle«, sagte sich Jockele, »die Mutter wird schauen!« Und er begann, die Zweige der kleinen Tanne mit Silberstücken zu belegen, was keine geringe Mühe war; denn sie fielen immer wieder herunter, sodass der Junge schließlich ganz erschöpft den Kopf in die Arme legte und so unter seinem silberbestreuten Bäumchen sanft und fest einschlief.

Er hörte nichts von der Heimkehr der Mutter, die ganz beschneit und keuchend vor Anstrengung in die Stube trat. Erst setzte sie ihren Korb ab, dann eilte sie an das

Lager des Mannes; er atmete ruhig und gleichmäßig; auf dem Boden lag sein Mantel. Er hatte also seiner Pflicht genügen können.

»Gott sei Dank!« stammelte das Weib und wandte sich zum Fenster, wo das Bäumchen stand und ihr Büblein saß und sich nicht rührte. Leise, auf den Zehenspitzen, trat sie mit ihrem Korb voll Äpfeln und Nüssen, den Herzlebkuchen in der Hand, hinter den Stuhl des Kindes.

Aber was war das? Schien der Mond so glänzend heute, dass es silbern aus dem Bäumchen schillerte und eben-

so aus dem lockigen Haar des Jockele? Die Frau streckte die Hand aus und fuhr über das Haupt des Kindes – da flog es, rechts und links, silbern aufklingend zur Erde.

»Was ist das?« schrie sie auf; der Jockele fuhr in die Höhe, starrte erst ein wenig verwundert drein und rief dann, indem er ganz losgelassen vor Freude von einem Bein aufs andere hüpfte: »Jawohl, jawohl, 's gehört alles mir – schau nur, schau, Mutter!«

Die Frau machte Licht; jetzt erwachte auch der Mann, mit beiden Füßen aus dem Bett springend.

»Herrgott«, sagte er, »der Zug ist vorbei – du warst doch draußen, Frau?«

Sie wurde kreideweiß: »Ich komm ja eben erst heim!«

»Aber ich war draußen«, erklärte Jockele! »Wie der Vadder gar nit hat aufwachen wollen, hab ich eben die Flagge genommen und den Mantel und hab's ganz recht gemacht, und niemand hat mich gekannt, aber 's Christkindle hat mir vom Himmel herunter einen Haufen Geld geworfen, lauter neues.«

Der Bahnwärter, noch ganz elend von seinem überstandenen Fieberanfall, ließ sich mit zitternden Knien auf den nächsten Stuhl nieder. »Bist du wirklich draußen gestanden?« fragte er. »Freilich«, versicherte Jockele, »kannst ganz ruhig sein, Vadder.«

»Das ist einer« schluchzte die Frau auf, »der wird es noch einmal weit bringen – 's ist gewiss zehn Mark, Mann, schau her!«

Auf dem Tisch lag das lederne Täschchen, und Jockele erklärte: »Das Ding da ist auf mich zugeflogen, gerad wie ein Vogel vom Himmel.« Die Bahnwärterfrau untersuchte das Täschchen und fand darin eine Karte: »A merry Christmas« stand darauf. (Das ist englisch und heißt: Gesegnete Weihnachten!) Es dauerte lange, bis sie sich die Worte zusammenbuchstabiert hatte. Endlich meinte sie: »Aha, 'ist die Frau Mary Christmaß – Gott segne sie! 's muss eine seelengute Frau sein.«

»Halt wahrscheinlich dem Christkindle seine Mutter«, erklärte Jockele und machte sich über seine Äpfel und Nüsse her.

DER KLEINE WICHT
Hermann Löns

*E*s war einmal ein kleiner Wichtelmann, der wohnte ganz hinten in der Lüneburger Heide, wo sich die Hasen und die Füchse gute Nacht sagen. Sein Haus war das große, graue Steingrab, das fleißige Fischer und Imker vor vielen tausend Jahren für ihre Könige aufgebaut hatten. Da wohnte der kleine Brummerjahn schon viele, viele Hunderte von Jahren ganz muttermauseseelenallein. Wenn es Sommer war, dann schleppte er tief aus der Erde seine Schätze und breitete sie auf den dunkelgrünen Moospolstern aus. Es sah putzig aus, wenn der Kleine auf seinen Entenfüßen umherwatschelte und in seiner grauen Schleppkutte die Flußperlen, Silberstückchen, Goldmünzen, Bronzeringe und Bernsteinkugeln aus dem Steingrabe hervorholte. Und hatte er sie dann auf dem Moosrasen ausgebreitet, und all das blanke und bunte Zeug glitzerte und blitzerte in der Sonne, dann juchzte er vor Vergnügen und warf sein rotes Zipfelmützchen hoch in die Luft, hoch über das Heidekraut. So stark war der kleine Mann.

Er lebte sehr, sehr einsam, der kleine Wicht. Da war wohl ein Steinschmätzerpaar, das in dem Steingrabe nistete, aber diese Herrschaften waren ihm zu wibbelig, und er verkehrte nicht mit ihnen. Auch die braunen Mäuse waren nicht seine Freunde. Das war Pöbel, der sich fortwährend zankte und laut quiekte. Aber der Rank, der alte Kolkrabe, der schon seit siebzig Jahren Witwer war, und die uralte Schnake, die verwitwete Kreuzotter, das waren Pucks Freunde. Die redeten nicht immer von Liebe, wie das andere Volk auf der Heide, die waren gesetzt und vernünftig. Denn von Liebe mochte der Wicht nichts hören. Als er jung war, vor zweitausend Jahren, da hatte er sich einmal sehr verliebt. In ein kleines Wollgrasnixchen aus dem Bruch. Er hatte ihr fünfzig Jahre lang den Hof gemacht, hatte ihr Blumen und Waldfrüchte, Perlen und Edelsteine gebracht, hatte Lieder zu ihrem Lob gesungen und abends vor ihrem Häuschen Musik gemacht. Aber als er sie freien wollte, da hat sie ihn ausgelacht und ihm gesagt, er solle sich unter den Krickenten vom Moor eine Braut suchen, die hätten gerade solche Patschfüße wie er. Da war er traurig weggegangen zu der alten Eiche, aus deren Rindenriß schäumender Met floß. Vier Wochen hatte her herumgesumpft und hatte jeden Morgen einen gräßlichen Kater gehabt. Und als der Met nicht mehr floß, da wanderte er in die Unterwelt und trank Minne mit den Erdzwergen, den Leuten mit den toten

Herzen, und blieb da so lange, bis sein Herz abgestorben war.

Das war nun schon schrecklich lange her, aber der Wicht dachte in jedem Frühling wieder daran. Dann zog er seine Runzelstirn in viele hundert Falten, schimpfte mit den Steinschmätzern, die sich verliebt um das uralte Grab jagten, brummte mürrisch wie eine alte Erdhummel und saß brummig wie ein Maulwurf unter der jungen Tanne, die vor dem Eingang zu seinem Steinhause wuchs. Im Winter aber, wenn der Schnee hart und fest auf der Heide lag, dann wanderte der Wicht in das Dorf und lebte bei dem alten brummigen Jagdhüter.

Nun hatte der Jagdhüter eine Tochter, die war das schönste Mädchen im Dorf. Ihre Backen war so weiß und so rot wie die roten Glöckchen im Moor, und ihr Haar war so weich wie Wollgras und so goldig wie die Abendsonne im Fuhrenwald. Und die hatte einen Liebsten, der war Knecht im Dorfe. Er war der hübscheste und strammste Bengel weit und breit und fleißiger und nüchterner als alle andern, aber er war geradeso arm wie seine Liebste. Und so gern er seine Liebste geheiratet hätte, es ging nicht, weil sie beide nichts hatten. Und weil der Vater des Mädchens das wußte, darum litt er es nicht, daß die beiden miteinander gingen. Aber an jedem Sonntagabend im Frühling und Sommer trafen sie sich bei dem Steingrabe und saßen da und küßten sich und jammerten über ihre Armut.

Anfangs hatte Puck sich über sie geärgert, denn küssen und kosen sah der Wicht nicht gern. Aber da sie so still und ernst waren, so mochte er sie schließlich gern leiden. Und dann hatte er auch Grund, beiden gut zu sein.

Lieschen, die Tochter des alten Waldhüters, war ein gutes
Mädchen. Sie hatte einmal morgens in der Herdasche die
Spuren der Entenfüße von ihm entdeckt und hatte ihre
alte Muhme gefragt, was das wäre. Und die war eine
kluge Frau, die von heimlichen Dingen Bescheid wußte,
und sie sagte ihr, das wäre wohl ein armer kleiner Wicht,
der nicht Weib noch Kind hätte. Das tat dem guten Mädchen leid, und sie stellte von da ab jeden Abend auf
einem Puppenteller für den Kleinen Speise und in einem
Fingerhut Milch oder Honigbier hin. Und wenn gebacken
wurde, dann backte sie ihm extra einen kleinen Kuchen,
und wenn geschlachtet wurde, dann band sie ihm eine
kleine Wurst. Und jeden Morgen war alles aufgegessen.
Johann, der Knecht, hatte bei dem Kleinen auch einen
Stein im Brett. Denn vor zwei Jahren hatte sein Bauer
ihm gesagt, er solle mit Bohrer und Pulver hingehen und

das Hünengrab zerschießen, er brauche Steine für ein Stallfundament. Johann aber hatte gesagt, das täte er nicht, denn er wollte nicht den Platz zerstören, wo er so oft mit seinem Lieschen gesessen hatte. Da hatte der Bauer geschimpft und ihm gekündigt, und der Knecht war beim Amtmann in Dienst gegangen und hatte dem erzählt, warum der Eichenbauer ihm gekündigt hatte. Da hatte der Amtmann an den Drosten geschrieben, und der hatte der Gemeinde bei hoher Strafe verboten, das Steingrab zu zerstören. Das hatte Puck gehört, als Lieschen ihrem Vater das erzählte, und er war dem hübschen Knecht sehr dankbar dafür, denn so versteinert war des Wichts altes Herz doch nicht.

Nun war es wieder einmal Weihnachtszeit geworden. Die Bauern waren alle zur Stadt gewesen und hatten eingekauft zum Heiligen Abend. Im ganzen Dorf war alles voller Vorfreude, nur in des Waldhüters Haus sah es nicht festlich aus. Da ging das blonde Lieschen mit dickgeweinten Augen herum, und der alte Herr brummte und knurrte den ganzen Tag. Denn er wollte, daß Lieschen den Krämer heiratete, den alten, dem das hübsche Mädchen gefiel. Aber die wollte ihn nicht, und sie aß und trank nicht und sah ganz blaß und miesepetrig aus.

Und abends, als der Alte ins Holz ging, um für den Bauernmeister einen Hasen zu schießen, da kam Johann. Er sah auch blaß und traurig aus, und manchmal kullerte ihm eine Träne über das Gesicht. Traurig saßen die beiden Liebesleute da, Hand in Hand, und weinten und seufzten. Lange sah der Wicht aus seiner Herdecke ihnen zu, aber schließlich taten sie ihm doch leid. Und er trat aus seinem Winkel heraus, stellte sich vor sie hin und fragte sie mit dünner Stimme, was ihnen fehlte. Die beiden fuhren zusammen, denn sie sahen ihn nicht. Aber da nahm er seine rote Zipfelmütze ab, und sie erkannten ihn. Sie lachten nicht über seine Entenfüßchen, sie lachten nicht über seine Krötenhändchen und seinen Mausebart, und da fragte er sie nochmals nach ihrer Not. Und sie erzählten ihm von ihrer Liebe und von ihrer Not und sagten ihm, wie schrecklich es wäre, daß beide so blutarm wären wie die Kirchenmäuse, so arm, daß sie nie daran denken könnten, Mann und Frau zu werden; und sie weinten bitterlich.

Da wurde es dem kleinen Wicht ganz wunderbar ums Herz, und er dachte daran, wie lieb Lieschen immer zu ihm gewesen war und was er Johann zu verdanken hatte, und plötzlich fielen ihm seine Schätze ein, und daß er damit den beiden Liebesleuten helfen könne. Und da lachte er seit tausend Jahren zum erstenmal und winkte dem Knecht und sagte ihm, er solle ein Schute und einen Sack nehmen und ihm folgen. Dann ging er mit ihm über die verschneite Heide bis zum Hünengrabe. Und dort lief er rund um die Tanne und trat mit seinen Patschfüßen einen Kreis in den Schnee und sagte, er solle die Tanne ausgraben. Das tat Johann, und als er die Tanne mit vieler Mühe herausgerissen hatte, da funkelte und glitzerte es im Mondlicht in dem Loche von Gold und Geld, Perlen und Edelsteinen. Und das alles gab ihm der Wicht und sagte ihm, die Tanne solle er mitnehmen, schön aufputzen und nach Weihnachten vor dem Haus des Waldhüters eingraben.

Das wurde eine frohe Weihnacht am nächsten Abend. Mitten auf dem Fleet stand die junge Tanne mit ihrem

Wurzelboden, und darunter lag der Schatz. Und nach Weihnachten ging Johann in die Stadt und verkaufte all das blanke Zeug, und von dem Erlös kaufte er Äcker und Wiesen und Holz und baute an der Stelle der alten Kate ein großes Haus, das bezog er im Sommer mit Lieschen. Und da er fleißig und sparsam war, zahlte er dem Wicht das ganze Darlehen in zehn Jahren zurück.

Und jeden Winter wohnt der Kleine bei ihnen und bekommt das beste aus Keller und Küche. Die Tanne aber ist groß und schlank geworden, und in ihr brütet im Sommer ein Amselpaar. Und wer die Geschichte nicht glaubt, der gehe nach dem Wichtelhofe. Da kann er die Tanne sehen und Lieschen, die jetzt die Wichtelhofbäuerin heißt. Und schon daran, daß die Leute vom Wichtelhof keine Enten halten, um ihren Herdgeist nicht an seine Patschfüße zu erinnern, sieht man, daß es mit dem Wichtelhofe ein heimliches Ding ist.

DIE HASELRUTE
Brüder Grimm

*E*ines Nachmittags hatte sich das Christkind in sein Wiegenbett gelegt und war eingeschlafen, da trat seine Mutter heran, sah es voll Freude an und sprach: »Hast du dich schlafen gelegt, mein Kind? Schlaf sanft, ich will derweil in den Wald gehen und eine Handvoll

Erdbeeren für dich holen; ich weiß wohl, du freust dich darüber, wenn du aufgewacht bist.«

Draußen im Wald fand sie einen Platz mit den schönsten Erdbeeren, als sie sich aber herabbückte, um eine zu brechen, so springt aus dem Gras eine Natter in die Höhe. Sie erschrickt, lässt die Beere stehen und eilt hinweg. Die Natter schießt ihr nach, aber die Mutter Gottes, das könnt ihr denken, weiß guten Rat, sie versteckt sich hinter einer Haselstaude und bleibt da stehen, bis die Natter sich wieder verkrochen hat. Sie sammelt dann die Beeren, und als sie sich auf den Heimweg macht, spricht sie: »Wie die Haselstaude diesmal mein Schutz gewesen ist, so soll sie es auch in Zukunft andern Menschen sein.«

Darum ist seit den ältesten Zeiten ein grüner Haselzweig gegen Nattern, Schlangen und was sonst auf der Erde kriecht der sicherste Schutz.

MEINE WEIHNACHTEN 1917

Johannes Derksen

*E*igentlich unter den Millionen Weihnachtserlebnis-
sen zur Kriegs- und Nachkriegszeit nichts Besonderes; und doch erinnern wir uns vielleicht einmal daran, wo es uns jetzt so gut geht, vielleicht auch aus
anderen Gründen.

Es war die vierte Kriegsweihnacht, und es sollte die letzte sein im ersten Weltkrieg.

Für mich war es die erste Weihnacht fern der Heimat. Es
sagen viele Historiker, das Jahr 1917 sei das entscheidendste Jahr unseres Jahrhunderts gewesen. Ich wußte
es nicht, ich habe damals kaum etwas von der großen
Weltgeschichte gehört. Meistens stand im Tagesbericht:
»Im Westen nichts Neues.« Für mich war es jedenfalls
das entscheidendste Jahr meines Lebens. Ich wurde Sol-
dat im bitteren Winter Anfang 1917, kam im September
an die Front und war zwei Tage vor meinem Geburtstag
französischer Kriegsgefangener. Ich konnte von Glück
reden, daß ich als sechster der Soldatenbrüder so gut da-
vongekommen war.

Ich will nicht vom Schlammlager unter freiem Himmel
erzählen, wo ich 19 Jahre alt wurde, wie alles in mir zu-
sammenbrach, wie ich so verzweifelt war, daß ich glaubte, ich würde mein ganzes Leben lang nicht mehr lachen
können. Mein Geburtstagsgeschenk bestand darin, daß
ich irgendwie einen großen Soldatenzwieback mehr
bekam und daß wir alle unter Soldatenzelten schlafen

konnten nach den Strapazen des langen Trommelfeuers an der Front, daß der Himmel wieder blau wurde und die Herbstsonne schien. Von Heldentum in der Brust keine, absolut keine Spur.

Wir bekamen grasgrün gefärbte alte Soldatenkleidung, sogar einen Mantel. Überall stand unsere Firma drauf, auf den Knien, auf dem Gesäß, auf dem Rücken, auf der Brust, auf der Mütze: PG, da hieß: »Prisonnier de guerre«, also Kriegsgefangener.

Was wird aus uns werden? Wir durften eine rote, vorgedruckte Karte nach Hause schreiben, daß wir unverwundet in Gefangenschaft geraten waren. Wir hatten sogar eine Nummer, meine habe ich vergessen.

Nach einiger Zeit kamen wir in ein Riesenlager mit vielen großen Baracken, die je hundert Mann faßten. Es lag irgendwo in den Wäldern um Dijon und hieß Alibaudieres. Es war eine kalkige Gegend. Das merkten wir, wenn wir mit den Pantinen, den Holzschuhen, so fest steckenblieben, daß wir in den Socken oder Fußlappen in den Dreck traten. In der Baracke gab es rechts und links Zweistockwerksgestelle mit Stroh darauf. Darauf legten wir unsere Zeltplane und deckten uns mit den Decken zu. Bei der großen Kälte wurde in der ganzen Baracke nur ein Kanonenöfchen geheizt.

Übrigens gab es bei der Gefangennahme auch anständige Kameraden. Einer nahm mich ganz alleine in einem Abschnitt des Schützengrabens vor und entdeckte meine Uhr in einem Täschchen vorn unter dem Gurt. Es war ein Erstkommunionsgeschenk. Als er sie abhakte, war ich über diese geplante Mitnahme so kindlich naiv erstaunt, daß ich ausrief:

«Mesjöh, Mesjöh!«

Mehr als meine Worte müssen meine Augen gewirkt haben. Er rief: »Non, non!« und steckte die Uhr mit Kette zwischen Hemd und Unterhose, damit der nächste Kamerad sie nicht entdecken sollte. Die Uhr besitze ich heute noch.

Die nächste griff stereotyp ebenso in das Täschchen; er zog meinen Rosenkranz heraus und gab ihn mir wieder. Dann hat mir irgendwo einer ein Stück Brot mit einem Stückchen Käse gegeben. Das war wirklich humanité, die ich sonst nicht immer erlebt habe. Wir arbeiteten vom Lager aus in den Wäldern. Damals versuchte ich, langsam und bedächtig mein Französisch zu sprechen, aber die französischen Soldaten sprachen so schnell oder ihr Platt, das Patois, daß ich trotz 7 Jahre Schulfranzösisch wenig verstand.

Auf das Weihnachtsfest rüsteten wir uns; aber auch die Lagerleitung. Wir wurden rasiert und bekamen die Haare geschnitten. Was wir unter dem ungewaschenen Hemd verbargen, danach wurden wir nicht gefragt. Jeder hatte doch krabbelnde Untermieter. Einer hat in sein kleines Kochgeschirr das verlauste Hemd hineingezwängt und es darin ausgekocht. Dann wurde es wieder Kochgeschirr. Wasser war rar, nur nicht in der Wasseroder Reissuppe.

Das Kostbarste war, daß wir jeden Tag ein halbes grauweißes Brot bekamen, ich schätze es auf 600 Gramm. Es mußte ein rundes Brot unter zwei Kameraden geteilt werden. Der eine teilte, der andere durfte sich ein Teil auswählen. Ein Kamerad fiel mir auf, er sagte zu mir: »Gib mir nur ein Stück, du wirst schon richtig geteilt haben.« Er wurde später mein Freund und ist heute evangelischer Pfarrer. Aber wir wurden nicht satt. Wir hatten ja von drei Kriegsjahren nachzuholen. An der Front hatten wir das meuternde Wort gehört: »Für ein Pfund Brot sollen wir stürmen?«

1917 war das große Hungerjahr mit Steckrüben; alles war aus Steckrüben gemacht, sogar die Marmelade.

Wir planten, das Weihnachtsfest so schön wie möglich zu feiern. An Gottesdienst war natürlich nicht zu denken.

Wir brachten aus den Wäldern Fichten mit, die wir an allen Bettpfosten befestigten. Sie wurden mit Kienspänen geschmückt. Zwischen vier großen Liegestellen waren zwei Bänke mit einem Tischchen, aber das langte nur für wenige. Meistens aßen wir auf dem ›Bettrand‹ sitzend. Für den Heiligen Abend wurde auf dem Tischchen ein Weihnachtsbäumchen für die ganze Baracke aufgestellt. Während überall die feuergefährlichen Kienspäne brannten, verlas ein Kamerad, der irgendwo Prediger einer Sektengemeinde war, das Weihnachtsevangelium und hielt uns eine Ansprache. Dann sangen wir Weihnachtslieder, so viele wir konnten. Dann wurde es ›gemütlich‹. Nicht nur, weil es warm geworden war, sondern weil nun die Kameraden ins ›Gemütliche‹ übergingen und ihre Witze erzählten, sie wurden gemein und gemeiner.

Und doch war Christus der Herr durch Sein Wort unter uns gewesen in diesem Barackenstall zu Alibaudieres. Alles, was ich zu Hause im Elternhaus, in der Schule und in der Kirche gehört und gesehen hatte, versank vor diesem Erlebnis. So war die Wirklichkeit unter den dem Tode Entronnenen. In der sogenannten »Stillen, heiligen Nacht« heckte ich mit meinem Nachbarn einen gefährlichen Plan aus. Wir wollten uns unsere ausgefallene Weihnachtsbescherung selbst »organisieren«.

Am anderen Morgen meldeten wir uns zum Proviantfassen im Lagermagazin. Ich sehe den kleinen französischen Sergeanten noch vor mir, wie er uns die Kartoffelsäcke zuteilte, den Reis und die runden Brote in die aufgehaltene Zeltplane warf. Als er sich umdrehte, rissen wir flink ein Brot vom Stapel und warfen es dazu in die Zeltplane. Dann aber nahmen wir es heraus, und ich steckte es unter meinen grünen Mantel, schnappte mir einen Kartoffelsack und stemmte ihn vor den Bauch. Der Sergeant schimpfte, wie ungeschickt ich den Sack trüge, ich aber verstand jetzt kein Französisch. Wenn ich erwischt worden wäre, dann hätte es dreißig Tage Arrest gegeben mit nur einer Decke in einer kalten Zelle und wer weiß was sonst noch für »Annehmlichkeiten«.

Aber mein Weihnachtsgeschenk war, daß ich nicht erwischt wurde. Ich kam glücklich mit Herzklopfen in unsere Baracke. Da teilten wir beiden »Diebe« uns das geklaute Brot. Ich kann gar nicht sagen, wie gut mir das zusätzliche halbe Brot geschmeckt hat. So süß schmeckte später kein Stollen, kein Spekulatius!

Ich weiß, andere haben viel schlimmere Weihnachten erlebt, an der Front, in Gefangenschaft oder in Gefängnissen, manche vor ihrer Hinrichtung.

Ich weiß nicht, ob der Herrgott mir das zusätzlich geklaute halbe Brot als Erfüllung meiner vordem so oft gebeteten Bitte: »Unser tägliches Brot gib uns heute« im Lage Alibaudieres zu Weihnachten 1917 geschenkt hat.

Heute nach fünfzig Jahren danke ich ihm noch dafür, daß ich nicht erwischt wurde.

BERGKRISTALL

Adalbert Stifter

*U*nsere Kirche feiert verschiedene Feste, welche zum Herzen dringen. Man kann sich kaum etwas Lieblicheres denken als Pfingsten und kaum etwas Ernsteres und Heiligeres als Ostern. Das Traurige und Schwermütige der Karwoche und darauf das Feierliche des Sonntags begleiten uns durch das Leben. Eines der schönsten Feste feiert die Kirche fast mitten im Winter, wo beinahe die längsten Nächte und kürzesten Tage sind, wo die Sonne am schiefsten gegen unsere Gefilde steht und Schnee alle Fluren deckt, das Fest der Weihnacht. Wie in vielen Ländern der Tag vor dem Geburtsfest des Herrn der Christabend heißt, so heißt er bei uns der heilige Abend, der darauf folgende Tag der heilige Tag und die dazwischen liegende Nacht die Weihnacht. Die katholische Kirche begeht den Christtag als den Tag der Geburt des Heilandes mit ihrer allergrößten kirchlichen Feier; in den meisten Gegenden wird schon die Mitternachtsstunde als die Geburtsstunde des Herrn mit prangender Nachtfeier geheiligt, zu der die Glocken durch die stille, finstere, winterliche Mitternachtluft laden, zu der die Bewohner mit Lichtern oder auf dunkeln, wohlbekannten Pfaden aus schneeigen Bergen an bereiften Wäldern vorbei und durch knarrende Obstgärten zu der Kirche eilen, aus der die feierlichen Töne kommen und die aus der Mitte des in beeiste Bäume gehüllten Dorfes mit den langen beleuchteten Fenstern emporragt.

Mit dem Kirchenfeste ist auch ein häusliches verbunden. Es hat sich fast in allen Ländern verbreitet, daß man den Kindern die Ankunft des Christkindleins − auch eines Kindes, des wunderbarsten, das je auf der Welt war − als ein heiteres, glänzendes, feierliches Ding zeigt, das durch das ganze Leben fortwirkt und manchmal noch spät im Alter bei trüben, schwermütigen oder rührenden Erinnerungen gleichsam als Rückblick in die einstige Zeit mit den bunten schimmernden Fittichen durch den öden, traurigen und ausgeleerten Nachthim-

mel fliegt. Man pflegt den Kindern die Geschenke zu geben, die das heilige Christkindlein gebracht hat, um ihnen Freude zu machen. Das tut man gewöhnlich am heiligen Abende, wenn die tiefe Dämmerung eingetreten ist. Man zündet Lichter und meistens sehr viele an, die oft mit den kleinen Kerzlein auf den schönen grünen Ästen eines Tannen- oder Fichtenbäumchens schweben, das mitten in der Stube steht. Die Kinder dürfen nicht eher kommen, als bis das Zeichen gegeben wird, daß der heilige Christ zugegen gewesen ist und die Geschenke, die er mitgebracht, hinterlassen hat. Dann geht die Tür auf, die Kleinen dürfen hinein, und bei dem herrlichen schimmernden Lichterglanze sehen sie Dinge auf dem Baume hängen oder auf dem Tische herumgebreitet, die alle Vorstellungen ihrer Einbildungskraft weit übertreffen, die sie sich nicht anzurühren getrauen und die sie endlich, wenn sie sie bekommen haben, den ganzen Abend in ihren Ärmchen herumtragen und mit sich in das Bett nehmen. Wenn sie dann zuweilen in ihre Träume hinein die Glockentöne der Mitternacht hören, durch welche die Großen in die Kirche zur Andacht gerufen werden, dann mag es ihnen sein, als zögen jetzt die Englein durch den Himmel oder als kehre der heilige Christ nach Hause, welcher nunmehr bei allen Kindern gewesen ist und jedem von ihnen ein herrliches Geschenk hinterbracht hat.

Wenn dann der folgende Tag, der Christtag, kommt, so ist er ihnen so feierlich, wenn sie frühmorgens mit ihren schönsten Kleidern angetan in der warmen Stube stehen, wenn der Vater und die Mutter sich zum Kirchgange schmücken, wenn zu Mittage ein feierliches Mahl ist, ein besseres als an jedem Tag des ganzen Jahres, und wenn nachmittags oder gegen Abend hin Freunde und Bekannte kommen, auf den Stühlen und Bänken herumsitzen, miteinander reden und behaglich durch die Fenster in die Wintergegend hinausschauen können, wo entweder die langsamen Flocken niederfallen oder ein trüber Nebel um die Berge steht oder die blutrote kalte Sonne hinabsinkt. An verschiedenen Stellen der Stube, entweder auf einem Stühlchen oder auf der Bank oder auf dem Fensterbrettchen liegen die zauberischen, nun aber schon bekannteren und vertrauteren Geschenke von gestern abend herum.

Hierauf vergeht der lange Winter, es kommt der Frühling und der unendlich dauernde Sommer – und wenn die Mutter wieder vom heiligen Christe erzählt, daß nun bald sein Festtag sein wird und daß er auch diesmal herabkommen werde, ist es den Kindern, als sei seit seinem letzten Erscheinen eine ewige Zeit vergangen und als liege die damalige Freude in einer weiten nebelgrauen Ferne.

Weil dieses Fest so lange nachhält, weil sein Abglanz so hoch in das Alter hinaufreicht, so stehen wir so gerne dabei, wenn Kinder dasselbe begehen und sich darüber freuen.

ICH TRÄUMTE

Jean Paul

Ich träumte in der Weihnachtsnacht, ich wanderte durch die Tiefen des Himmels und sah einen Engel über die Wolken gehen. Die Lichtgestalt lächelte und trat zu mir und sagte: »Kennst du mich? Ich bin der Engel des Friedens. Ich tröste die Menschen und bin bei ihnen in ihrem großen Kummer. Wenn er zu groß wird, wenn sie sich auf dem harten Boden der Erde wundgelegen haben, so nehme ich ihre Seele an mein Herz und trage sie zur Höhe und lege sie auf die weiche Wolke des Todes nieder. Alle diese Wolken ziehen mit ihren Schläfern gen Morgen, und wenn die Sonne aufgeht, erwachen sie und leben.«

DER TRAUM
Heinrich Hoffmann von Fallersleben

Ich lag und schlief; da träumte mir
ein wunderschöner Traum:
Es stand auf unserm Tisch vor mir
ein hoher Weihnachtsbaum.

Und bunte Lichter ohne Zahl,
die brannten ringsumher;
die Zweige waren allzumal
von goldnen Äpfeln schwer.

Und Zuckerpuppen hingen dran;
das war mal eine Pracht!
Da gab's, was ich nur wünschen kann
und was mir Freude macht.

Und als ich nach dem Baume sah
und ganz verwundert stand,
nach einem Apfel griff ich da,
und alles, alles schwand.

Da wacht' ich auf aus meinem Traum
und dunkel war's um mich.
Du lieber, schöner Weihnachtsbaum,
sag an, wo find' ich dich?

Da war es just, als rief er mir:
»Du darfst nur artig sein;

dann steh' ich wiederum vor dir;
jetzt aber schlaf nur ein!

Und wenn du folgst und artig bist,
dann ist erfüllt dein Traum,
dann bringet dir der Heil'ge Christ
den schönsten Weihnachtsbaum.«

NUßKNACKER
Heinrich Hoffmann von Fallersleben

Nußknacker, du machst ein grimmig Gesicht –
Ich aber, ich fürchte vor dir mich nicht:
Ich weiß, du meinst es gut mit mir,
Drum bring ich meine Nüsse dir.
Ich weiß, du bist ein Meister im Knacken:
Du kannst mit deinen dicken Backen
Gar hübsch die harten Nüsse packen
Und weißt sie vortrefflich aufzuknacken.
Nußknacker, drum bitt ich dich, bitt ich dich,
Hast bessere Zähn als ich, Zähn als ich.
O knacke nur, knacke nur immerzu!
Ich will dir zu Ehren
Die Kerne verzehren.
O knacke nur, knack knack knack! immerzu!
Ei, welch ein braver Kerl bist du!

NUßKNACKER UND MAUSEKÖNIG

E. T. A. Hoffmann (gekürzt)

Der Weihnachtsabend

*A*m vierundzwanzigsten Dezember durften die Kinder des Medizinalrats Stahlbaum den ganzen Tag über durchaus nicht in die Mittelstube hinein, viel weniger in das daranstoßende Prunkzimmer. In einem Winkel des Hinterstübchens zusammengekauert, saßen Fritz und Marie, die tiefe Abenddämmerung war eingebrochen, und es wurde ihnen recht schaurig zumute, als man, wie es gewöhnlich an dem Tage geschah, kein Licht hereinbrachte. Fritz entdeckte ganz insgeheim wispernd der jüngeren Schwester (sie war eben erst sieben Jahre alt geworden), wie er schon seit frühmorgens es habe in den verschlossenen Stuben rauschen und rasseln und leise pochen hören. Auch sei nicht längst ein kleiner dunkler Mann mit einem großen Kasten unter dem Arm über den Flur geschlichen, er wisse aber wohl, daß es niemand anders gewesen sei als Pate Drosselmeier. Da schlug Marie die kleinen Händchen vor Freude zusammen und rief: »Ach, was wird nur Pate Drosselmeier für uns Schönes gemacht haben.« Der Obergerichtsrat war kein hübscher Mann, nur klein und mager, hatte viele Runzeln im Gesicht, statt des rechten Auges ein großes schwarzes Pflaster und auch gar keine Haare, weshalb er eine sehr schöne weiße Perücke trug, die war aber von Glas und ein künstliches Stück Arbeit.

Überhaupt war der Pate selbst auch ein sehr künstlicher Mann, der sich sogar auf Uhren verstand und selbst welche machen konnte. Wenn daher eine von den schönen Uhren in Stahlbaums Hause krank war und nicht singen konnte, dann kam Pate Drosselmeier, nahm die Glasperücke ab, zog sein gelbes Röckchen aus, band eine blaue Schürze um und stach mit spitzigen Instrumenten in die Uhr hinein, so daß es der kleinen Marie ordentlich wehe tat, aber es verursachte der Uhr gar keinen Schaden, sondern sie wurde vielmehr wieder lebendig und fing gleich an, recht lustig zu schnurren, zu schlagen und zu singen, worüber denn alles große Freude hatte. Immer trug er, wenn er kam, was Hübsches für die Kinder in der Tasche, bald ein Männlein, das die Augen verdrehte und Komplimente machte, welches komisch anzusehen war, bald eine Dose, aus der ein Vögelchen heraushüpfte, bald was anderes. Aber zu Weihnachten, da hatte er immer ein schönes künstliches Werk verfertigt, das ihn viel Mühe gekostet, weshalb es auch, nachdem es einbeschert worden, sehr sorglich von den Eltern aufbewahrt wurde. – »Ach, was wird nur Pate Drosselmeier für uns Schönes gemacht haben«, rief nun Marie; Fritz meinte aber, es könnte wohl diesmal nichts anders sein als eine Festung, in der allerlei sehr hübsche Soldaten auf und ab marschierten und exerzierten, und dann müßten andere Soldaten kommen, die in die Festung hineinwollten, aber nun schössen die Soldaten von innen heraus mit Kanonen, daß es tüchtig brauste und knallte. »Nein, nein«, unterbrach Marie den Fritz: »Pate Drosselmeier hat mir von einem schönen Garten erzählt, darin ist ein großer See, auf dem schwimmen sehr herrliche Schwäne mit goldnen Halsbändern herum und singen die hübschesten Lieder. Dann kommt ein kleines Mädchen aus dem Garten an den See und lockt die Schwäne heran und füttert sie mit süßem Marzipan.« – »Schwäne fressen keinen Marzipan«, fiel Fritz etwas rauh ein, »und einen ganzen Garten kann Pate Drosselmeier auch nicht machen. Eigentlich haben wir wenig von seinen Spielsachen; es wird uns ja alles gleich wieder weggenommen, da ist mir denn doch das viel lieber, was uns Papa und Mama einbescheren, wir behalten es fein und können damit machen, was wir wollen.« Nun rieten die Kinder hin und her, was es wohl dieses Mal wieder geben könne. Marie meinte, daß Mamsell Trudchen (ihre große Puppe) sich sehr verändere, denn ungeschickter als jemals fiele sie jeden Augenblick auf den Fußboden, welches ohne garstige Zeichen im Gesicht nicht abginge, und dann sei an Reinlichkeit in der Kleidung gar nicht mehr zu denken. Alles tüchtige Ausschelten helfe nichts. Auch habe Mama gelächelt, als sie sich über Gretchens kleinen Sonnenschirm so gefreut hatte. Fritz versicherte dagegen, ein tüchtiger Fuchs fehle seinem Marstall durchaus, so wie seinen Truppen gänzlich an Kavallerie, das sei dem Papa recht gut bekannt. – So wußten die Kinder wohl, daß die Eltern ihnen allerlei schöne Gaben eingekauft hatten, die sie nun aufstellen, es war ihnen aber auch gewiß, daß dabei der liebe heilige Christ mit gar freundlichen frommen Kindesaugen hineinleuchtete und daß, wie von segensreicher Hand berührt, jede Weihnachtsgabe herrliche Lust bereite wie keine andere. Daran erinnerte die Kinder, die immerfort von den zu erwartenden Geschenken wisperten, ihre ältere Schwester Luise, hinzufügend, daß es nun aber auch der heilige Christ sei, der durch die Hand der lieben Eltern den Kindern immer das beschere, was ihnen wahre Freude und Lust bereiten könne, das wisse er viel besser als die Kinder selbst, die müßten daher nicht allerlei wünschen und hoffen, sondern still und fromm erwarten, was ihnen beschert worden. Die kleine Marie wurde ganz nachdenklich, aber Fritz murmelte vor sich hin: »Einen Fuchs und Husaren hätt' ich nun einmal gern.«

Es war ganz finster geworden. Fritz und Marie, fest aneinandergerückt, wagten kein Wort mehr zu reden, es war ihnen, als rausche es mit linden Flügeln um sie her und als ließe sich eine ganz ferne, aber sehr herrliche Musik vernehmen. Ein heller Schein streifte an der Wand hin, da wußten die Kinder, daß nun das Christkind auf glänzenden Wolken fortgeflogen war zu anderen glücklichen Kindern. In dem Augenblick ging es mit silberhellem Ton: Klingling, klingling. Die Türen sprangen auf, und solch ein Glanz strahlte aus dem großen Zimmer hinein, daß die Kinder mit lautem Ausruf: »Ach! - Ach!«, wie erstarrt auf der Schwelle stehenblieben. Aber Papa und Mama traten in die Türe, faßten die Kinder bei der Hand und sprach: »Kommt doch nur, kommt doch nur, ihr lieben Kinder, und seht, was euch der heilige Christ beschert hat.«

Die Gaben

Ich wende mich an dich selbst, sehr geneigter Leser oder Zuhörer Fritz – Theodor – Ernst – oder wie du sonst heißen magst und bitte dich, dass du dir deinen letzten mit

schönen bunten Gaben reich geschmückten Weihnachtstisch recht lebhaft vor Augen bringen mögest, dann
wirst du es dir wohl auch denken können, wie die
Kinder mit glänzenden Augen ganz verstummt stehenblieben, wie erst nach einer Weile Marie mit einem
tiefen Seufzer rief: »Ach, wie schön – ach, wie schön«,
und Fritz einige Luftsprünge versuchte, die ihm überaus
wohl gerieten. Aber die Kinder mußten auch das ganze
Jahr über besonders artig und fromm gewesen sein,

denn nie war ihnen so viel Schönes, Herrliches einbeschert worden als dieses Mal. Der große Tannenbaum
in der Mitte trug viele goldene und silberne Äpfel, und
wie Knospen und Blüten keimten Zuckermandeln und
bunte Bonbons, und was es sonst noch für schönes
Naschwerk gibt, aus allen Ästen. Als das Schönste an
dem Wunderbaum mußte wohl gerühmt werden, daß in
seinen Zweigen hundert kleine Lichter wie Sternlein
funkelten und er selbst, in sich hinein- und herausleuch-
tend, die Kinder freundlich einlud, seine Blüten und
Früchte zu pflücken. Um den Baum umher glänzte alles
sehr bunt und herrlich – was es da alles für schöne
Sachen gab - ja, wer das zu beschreiben vermöchte! Marie erblickte die zierlichsten Puppen, allerlei saubere
kleine Gerätschaften und, was vor allem schön anzusehen war, ein seidenes Kleidchen, mit bunten Bändern
zierlich geschmückt, hing an einem Gestell so der kleinen Marie vor Augen, daß sie es von allen Seiten betrachten konnte, und das tat sie denn auch, indem sie
einmal über das andere ausrief: »Ach das schöne, ach
das liebe – liebe Kleidchen! Und das werde ich – ganz
gewiß – das werde ich wirklich anziehen dürfen!« – Fritz
hatte indessen schon drei- oder viermal um den Tisch
herum galoppierend und trabend den neuen Fuchs ver-
sucht, den er in der Tat am Tische angezäumt gefunden.
Wieder absteigend, meinte er, es sei eine wilde Bestie,
das täte aber nichts, er wolle ihn schon kriegen, und
musterte die neue Schwadron Husaren, die sehr prächtig in Rot und Gold gekleidet waren, lauter silberne Waffen trugen und auf solchen weißglänzenden Pferden ritten, daß man beinahe hätte glauben sollen, auch diese

seien von purem Silber. Eben wollten die Kinder, etwas ruhiger geworden, über die Bilderbücher her, die aufgeschlagen waren, daß man allerlei sehr schöne Blumen und bunte Menschen, ja auch allerliebste spielende Kinder, so natürlich gemalt, als lebten und spräche sie wirklich, gleich anschauen konnte. - Ja! Eben wollten die Kinder über diese wunderbaren Bücher her, als nochmals geklingelt wurde. Sie wußten, daß nun der Pate Drosselmeier einbescheren würde, und liefen nach dem an der Wand stehenden Tisch. Schnell wurde der Schirm, hinter dem er so lange versteckt gewesen, weggenommen. Was erblickten da die Kinder! - Auf einem grünen, mit bunten Blumen geschmückten Rasenplatz stand ein sehr herrliches Schloß mit vielen Spiegelfenstern und goldnen Türmen. Ein Glockenspiel ließ sich hören, Türen und Fenster gingen auf, und man sah, wie sehr kleine, aber zierliche Herren und Damen mit Federhüten und langen Schleppkleidern in den Sälen herumspazierten. In dem Mittelsaal, der ganz in Feuer zu stehen schien – so viele Lichterchen brannten an silbernen Kronleuchtern – tanzten Kinder in kurzen Wämschen und Röckchen nach dem Glockenspiel. Ein Herr in einem smaragdenen Mantel sah durch ein Fenster, winkte heraus und verschwand wieder, so wie auch Pate Drosselmeier selbst, aber kaum viel höher als Papas Daumen, zuweilen unten an der Tür des Schlosses stand und wieder hineinging. Fritz hatte mit auf den Tisch gestemmten Armen das schöne Schloß und die tanzenden und spazierenden Figürchen angesehen, dann sprach er: »Pate Drosselmeier! Laß mich mal hineingehen in dein Schloß!« – Der Obergerichtsrat bedeutete ihm, daß das nun ganz und gar nicht anginge. Er hatte auch recht, denn es war töricht von Fritzen, daß er in ein Schloß gehen wollte, welches überhaupt mitsamt seinen goldenen Türmchen nicht so hoch war als er selbst. Fritz sah das auch ein. Nach einer Weile, als immerfort auf dieselbe Weise die Herren und Damen hin und her spazierten, die Kinder tanzten, der smaragdne Mann zu demselben Fenster heraussah, Pate Drosselmeier vor die Türe trat, da rief Fritz ungeduldig: »Pate Drosselmeier, nun komm mal zu der anderen Tür da drüben heraus.« – »Das geht nicht, liebes Fritzchen«, erwiderte der Obergerichtsrat. »Nun, so laß mal«, sprach Fritz weiter, »laß mal den grünen Mann, der so oft herausguckt, mit den anderen herumspazieren.« – »Das geht auch nicht«, erwiderte der Obergerichtsrat aufs neue. »So sollen die Kinder herunterkommen«, rief Fritz, »ich will sie näher besehen.« – »Ei, das geht alles nicht«, sprach der Obergerichtsrat verdrießlich, »wie die Mechanik nun einmal gemacht ist, muß sie bleiben.« – »So-o?«, fragte Fritz mit gedehntem Ton, »das geht alles nicht? Hör mal Pate Drosselmeier, wenn deine kleinen geputzten Dinger in dem Schlosse nicht mehr können als immer dasselbe, da taugen sie nicht viel, und ich frage nicht sonderlich nach ihnen. – Nein, da lob' ich mir meine Husaren, die müssen manövrieren vorwärts, rückwärts, wie ich's haben will, und sind in kein Haus eingesperrt.« Und damit sprang er fort an den Weihnachtstisch und ließ seine Eskatron auf den silbernen Pferden hin und her trottieren und schwenken und einhauen und feuern nach Herzenslust. Auch Marie hatte sich sachte fortgeschlichen, denn auch sie wurde des Herumgehens und Tanzens der Püppchen im Schlosse bald überdrüssig und mochte es, da sie sehr artig und gut war, nur nicht so merken lassen wie Bruder Fritz. Der Obergerichtsrat Drosselmeier sprach ziemlich verdrießlich zu den Eltern: »Für unverständige Kinder ist solch künstliches Werk nicht, ich will nur mein Schloß wieder einpacken.« Doch die Mutter trat hinzu und ließ sich den innern Bau und das wunderbare, sehr künstliche Räderwerk zeigen, wodurch die kleinen Püppchen in Bewegung gesetzt wurden. Der Rat nahm alles auseinander und setzte es wieder zusammen. Dabei war er wieder ganz heiter geworden und schenkte den Kindern noch einige schöne braune Männer und Frauen mit goldenen Gesichtern, Händen und Beinen. Sie rochen so süß und angenehm wie Pfefferkuchen, worüber Fritz und Marie sich sehr erfreuten. Schwester Luise hatte, wie es die Mutter gewollt, das schöne Kleid angezogen, welches ihr einbeschert worden, und sah wunderhübsch aus, aber Marie meinte, als sie auch ihr Kleid anziehen sollte, sie möchte es lieber noch ein bißchen so ansehen. Man erlaubte es ihr gern.

ZWÖLF MIT DER POST

Hans Christian Andersen

*E*s war klirrender Frost, sternenklare Luft, windstill.
»Bums!« wurde ein Topf an die Tür geworfen, »Paff!«
schoß man das neue Jahr ein; es war Silvesterabend; nun
schlug die Uhr zwölf.

»Trateratra!« kam die Post. Die große Postkutsche hielt
draußen vor dem Stadttor, sie brachte zwölf Personen,
mehr konnte sie nicht aufnehmen, alle Plätze waren
besetzt.

»Hurra! Hurra!« wurde in den Häusern gesungen, wo die
Leute Silvester feierten und sich gerade mit den gefüll-
ten Gläsern erhoben hatten und auf das neue Jahr tran-
ken.

»Gesundheit und Glück im neuen Jahr!« sangen sie. »Ein
Frauchen! Viel Geld! Schluß mit allem Ärger!«

Ja, das wünschte man sich gegenseitig, und darauf wurde angestoßen, und vor dem Stadttor hielt die Post mit
den fremden Gästen, den zwölf Reisenden.

Was für Personen waren das? Sie hatten Pässe und Rei-
segepäck mit, ja, Geschenke für dich und mich und alle
Menschen in der Stadt. Wer waren die Fremden? Was
wollten sie, und was brachten sie?

»Guten Morgen!« sagten sie zu der Schildwache am Tor.

»Guten Morgen«, sagte die Schildwache, denn es hatte ja
zwölf geschlagen.

»Ihr Name? Ihr Beruf?« frage die Schildwache den, der
zuerst ausstieg.

»Sehen Sie im Paß nach«, antwortete der Mann. »Ich bin ich!« Er war denn auch ein ganzer Kerl, bekleidet mit Bärenpelz und Kufenstiefeln. »Ich bin der Mann, auf den sehr viele ihre Hoffnungen setzen. Komm morgen, dann erhältst du ein Neujahrsgeschenk! Ich werfe mit Groschen und Talern um mich, mache Geschenke, ja, ich gebe Bälle, im ganzen einunddreißig Bälle, mehr Nächte habe ich nicht zu vergeben. Meine Schiffe sind eingefroren, aber in meinem Kontor ist es warm. Ich bin Großkaufmann und heiße *Januar*. Ich habe nur Rechnungen bei mir.«

Dann kam der nächste, ein Spaßmacher, er war Direktor der Lustspiele, der Maskeraden und aller Vergnügungen, die es gibt. Sein Gepäck bestand aus einem großen Faß.

»Aus dem Faß wollen wir in der Fastnachtszeit mehr als einen Kater holen«, sagte er. »Ich will andere und mich selbst belustigen, denn ich habe von allen in der Familie die kürzeste Lebensdauer; ich werde nur achtundzwanzig! Ja, vielleicht schaltet man mir noch einen Tag ein, aber das ist gleichviel. Hurra!«

»Sie dürfen nicht so laut schreien«, sagte die Schildwache.

»Aber freilich darf ich das«, sagte der Mann, »ich bin Prinz Karneval und reise unter dem Namen *Februarius*.«

Nun kam der dritte; er sah aus wie das reine Fasten, doch er trug den Kopf hoch, denn er war verwandt mit den Rittern ohne Furcht und Tadel und war Wetterprophet; aber das ist kein fettes Amt, darum lobte er die Fastenzeit. Sein Schmuck war ein Veilchensträußchen im Knopfloch, aber es waren sehr kleine Veilchen.

»*März*, vorwärts!« reif der vierte und schubste den dritten. »Vorwärts, März! Hinein in die Wachstube, hier gibt es Punsch, ich rieche ihn!« Aber das stimmte nicht, er wollte ihn in den *April* schicken, damit begann der vierte Bursche. Er sah leichtsinnig aus; er arbeitete sicher nicht viel, sondern machte viele Feiertage. »Auf und ab mit der Laune!« sagte er. »Regen und Sonnenschein ziehen aus und ziehen ein! Ich bin auch Umzugskommissar, ich bin Leichenbitter, ich kann sowohl lachen als auch weinen. Ich habe Sommersachen im Koffer, aber es wäre töricht, sie anzuziehen. Hier bin ich! In vollem Staat gehe ich in Seidenstrümpfen und mit einem Muff.« Jetzt stieg eine Dame aus dem Wagen.

»Fräulein *Mai*«, sagte sie. Sie trug ein Sommerkleid aus buchenblattgrüner Seide und hatte Anemonen im Haar, und sie duftete derartig nach Waldmeister, daß die Schildwache niesen mußte. »Gott segne Sie!« sagte sie, das war ihr Gruß. Sie war niedlich! Und Sängerin war sie, nicht im Theater, sondern im Wald, nicht in Zelten, nein, in den frischen grünen Wald ging sie und sang zu ihrem eigenen Vergnügen; sie hatte in ihrem Nähbeutel Christian Winthers »Holzschnitte«, denn sie sind wie der Buchenwald selbst, und »Kleine Verse von Richardt«, die wie Waldmeister sind.

»Jetzt kommt die Frau, die junge Frau!« wurde im Wagen gerufen, und da kam die Frau, jung und fein, stolz und lieblich. Man sah sofort, daß sie dazu geboren war, den Tag der Siebenschläfer einzuhalten. Am längsten Tag des Jahres gab sie Gesellschaft, damit man Zeit hatte, die vielen Gerichte zu verspeisen; sie konnte es sich zwar leisten, im eigenen Wagen zu fahren, aber sie kam doch lieber mit der Post wie die andern, um zu beweisen, daß sie nicht hochmütig war; allein reiste sie auch nicht, ihr jüngerer Bruder *Julius* begleitete sie.

Er war wohlgenährt, sommerlich gekleidet und trug einen Panamahut. Er hatte nur ganz wenig Gepäck, das war zu beschwerlich in der Hitze. Er hatte bloß Badekappe und Schwimmhose; das ist nicht viel.

Nun kam die Mutter, Madame *August*, Obsthändlerin tonnenweise, Landwirtin in großer Krinoline; sie war dick und erhitzt, beteiligte sich an allem, ging selbst mit dem Bierkrug zu den Arbeitern aufs Feld hinaus. »Im Schweiße seines Angesichts soll man sein Brot essen«, sagte sie, »das steht in der Bibel; danach kann man Erntefeste feiern!« Sie war Frau und Mutter.

Danach stieg wieder ein Mann aus, von Beruf Maler, ein Meister der Farbe, das bekam der Wald zu wissen; das Laub mußte die Farbe wechseln, aber schön, wenn er es so haben wollte; rot, gelb und braun sah der Wald bald aus. Der Meister pfiff wie der Star, war ein flinker Arbeiter und hängte die braungrüne Hopfenranke um seinen Bierkrug, das schmückte, und für Schmuck hatte er offene Augen. Hier stand er nun mit seinem Farbentopf, das war sein ganzes Gepäck.

Hierauf folgte der Gutsbesitzer, der an den Saatmonat dachte, ans Pflügen und an die Behandlung des Bodens, ja, auch ein wenig ans Jagdvergnügen; er hatte Hund und Gewehr, er hatte Nüsse in der Tasche, knickknack! Schrecklich viel Gepäck führte er mit, sogar einen englischen Pflug; er sprach von der Landwirtschaft, aber vor Husten und Keuchen konnte man nicht viel verstehen, hinter ihm kam nämlich *November*.

Er hatte Schnupfen, heftigen Schnupfen, so daß er ein Laken und kein Taschentuch benützte. Dennoch müsse er die Mägde zum neuen Dienst begleiten, sagte er, aber die Erkältung würde wohl vergehen, wenn das Holzhacken anfinge, und das wollte er tun, denn er war Sägemeister der Holzfäller. Die Abende verbrachte er mit dem Schnitzen von Schneeschuhen; er wußte, daß man dieses vergnügliche Schuhwerk in wenigen Wochen brauchen würde.

Nun kam als letzte das alte Mütterchen mit dem Kohlenbrenner; sie fror, aber ihre Augen strahlten wie zwei klare Sterne. Sie trug einen Blumentopf mit einem Tannenbäumchen. »Das will ich hegen und pflegen, damit es bis Weihnachten groß wird, vom Fußboden bis zur Decke soll der Baum reichen mit brennenden Kerzen, vergoldeten Nüssen und ausgeschnittenen Figuren. Der Kohlenbrenner wärmt wie ein Kachelofen, ich nehme das Märchenbuch aus der Tasche und lese vor, so daß alle Kinder im Zimmer still werden, doch die Püppchen am Baum werden lebendig, und der kleine Wachsengel zuoberst an der Spitze schüttelt die Flittergoldflügel, fliegt von der grünen Spitze und küßt klein und groß im Zimmer, ja, auch die armen Kinder, die draußen stehen und Weihnachtslieder vom Stern über Bethlehem singen.«

»Und jetzt kann die Kutsche abfahren«, sagte die Schildwache. »Nun haben wir das Dutzend. Laßt einen neuen Reisewagen kommen!«

»Zuerst sollen die Zwölf eintreten!« sagte der Hauptmann, der Wache hatte. »Einer nach dem andern! Die Pässe behalte ich; sie gelten für jeden einen Monat lang. Wenn der Monat um ist, werde ich jedem darauf bescheinigen, wie er sich benommen hat. Bitte sehr, Herr Januar, kommen Sie herein.«

Und so ging er hinein.

Wenn ein Jahr um ist, werde ich dir sagen, was die Zwölf dir, mir und uns allen gebracht haben. Noch weiß ich es nicht, und sie wissen es wohl selbst nicht, denn wir leben in einer wunderlichen Zeit.

NEUJAHR

Volksgut

Ein neues Jahr nimmt seinen Lauf.
Die junge Sonne steigt herauf.

Bald schmilzt der Schnee, bald taut das Eis.
Bald schwillt die Knospe schon am Reis.

Bald werden die Wiesen voll Blumen sein,
die Äcker voll Korn, die Hügel voll Wein.

Und Gott, der ewig mit uns war,
behüt' uns auch im neuen Jahr!

ZUM NEUEN JAHR

Peter Rosegger

Ein bißchen mehr Freude und weniger Streit,
ein bißchen mehr Güte und weniger Neid,
ein bißchen mehr Liebe und weniger Haß,
ein bißchen mehr Wahrheit, das wär' doch was!

Statt soviel Unrast ein bißchen Ruh',
statt immer nur ich ein bißchen mehr du,

statt Angst und Hemmung ein bißchen mehr Mut
und Kraft zum Handeln, das wäre gut.

Kein Trübsal und Dunkel, ein bißchen mehr Licht,
kein quälend Verlangen, ein froher Verzicht,
und viel mehr Blumen, solange es geht,
nicht erst auf Gräbern, denn da blüh'n sie zu spät. –

DIE WEISEN AUS DEM MORGENLANDE

(Lukas 2,1-12)

Nach Martin Luther

*D*a Jesus geboren war zu Bethlehem im jüdischen Lande, zur Zeit des Königs Herodes, siehe, da kamen die Weisen vom Morgenlande gen Jerusalem und sprachen:

Wo ist der neugeborne König der Juden? Wir haben seinen Stern gesehen im Morgenlande, und sind gekommen, ihn anzubeten.

Da das der König Herodes hörete, erschrak er, und mit ihm das ganze Jerusalem; und ließ versammeln alle Hohepriester und Schriftgelehrten unter dem Volk; und erforschete von ihnen, wo Christus sollte geboren werden.

Und sie sagten ihm: Zu Bethlehem im jüdischen Lande. Denn also stehet geschrieben durch den Propheten: Und du Bethlehem im jüdischen Lande bist mitnichten die kleinste unter den Fürsten Judas; denn aus dir soll mir kommen der Herzog, der über mein Volk Israel ein Herr sei.

Da berief Herodes die Weisen heimlich, und erlernete mit Fleiß von ihnen, wann der Stern erschienen wäre; und wies sie gen Bethlehem, und sprach: Ziehet hin, und forschet fleißig nach dem Kindlein; und wenn ihr es findet, so saget mir's wieder, daß ich auch komme und es anbete.

Als sie nun den König gehöret hatten, zogen sie hin. Und siehe, der Stern, den sie im Morgenlande gesehen hatten, ging vor ihnen hin, bis daß er kam und stand oben über, da das Kindlein war. Da sie den Stern sahen, wurden sie hoch erfreuet, und gingen in das Haus, und fanden das Kindlein mit Maria, seiner Mutter, und fielen nieder, und beteten es an, und thaten ihre Schätze auf. Und Gott befahl ihnen im Traum, daß sie sich nicht sollten wieder zu Herodes lenken. Und zogen durch einen andern Weg wieder in ihr Land.

DER STERN
Wilhelm Busch

Hätt einer auch fast mehr Verstand
als wie die drei Weisen aus Morgenland,
und ließe sich dünken, er wär wohl nie
dem Sternlein nachgereist wie sie –
dennoch, wenn nun das Weihnachtsfest
seine Lichtlein wonniglich scheinen läßt,
fällt auch auf sein verständig Gesicht,
er mag es merken oder nicht,
ein freundlicher Strahl
des Wundersterns von dazumal!

EPIPHANIAS

Johann Wolfgang Goethe

Die Heiligen Drei König' mit ihrem Stern,
Sie essen, sie trinken und bezahlen nicht gern;
Sie essen gern, sie trinken gern,
Sie essen, trinken und bezahlen nicht gern.

Die Heiligen Drei König' sind kommen allhier,
Es sind ihrer drei und sind nicht ihrer vier;
Und wenn zu dreien der vierte wär',
So wär ein Heil'ger Drei König mehr.

Ich erster bin der weiß' und auch der schön',
Bei Tage solltet ihr erst mich seh'n!
Doch ach, mit allen Spezerei'n
Werd' ich sein Tag kein Mädchen mehr erfreu'n.

Ich aber bin der braun' und bin der lang',
Bekannt bei Weibern wohl und bei Gesang.
Ich bringe Gold statt Spezerei'n,
Da werd' ich überall willkommen sein.

Ich endlich bin der schwarz' und bin der klein'
Und mag auch wohl einmal recht lustig sein.
Ich esse gern und trinke gern,
Ich esse, trinke und bedank' mich gern.

Die Heiligen Drei König' sind wohlgesinnt,
Sie suchen die Mutter und das Kind;

Der Joseph fromm sitzt auch dabei,
Der Ochs und Esel liegen auf der Streu.

Wir bringen Myrrhen, wir bringen Gold,
Dem Weihrauch sind die Damen hold;
Und haben wir Wein von gutem Gewächs
So trinken wir drei so gut als ihrer sechs.

Da wir nun hier schöne Herrn und Fraun,
Aber keine Ochsen und Esel schaun,
So sind wir nicht am rechten Ort
und ziehen unseres Weges weiter fort.

DIE LEGENDE VON DEN
HEILIGEN DREI KÖNIGEN
Johannes von Hildesheim

Als die drei Könige sich – jeder in seinem Reiche – mit aller Pracht und Kostbarkeit und großem Gefolge für die Reise gerüstet hatten, machten sie sich auf den Weg. Keiner wußte von dem anderen, doch wurde jeder von ihnen auf seinem Wege von dem Stern geführt: er ging mit ihnen weiter, wenn sie ritten, er stand mit ihnen still, wenn sie anhielten. Bei Nacht leuchtete er nicht wie ein Stern oder wie der Mond: strahlend hell wie die Sonne stand er über ihrem Wege.

Da zu dieser Zeit Friede herrschte auf der ganzen Erde, standen die Stadttore Tag und Nacht offen. Die Bewohner der Städte und Dörfer, die sie durchzogen, erschraken und waren voller Verwunderung: denn sie sahen Könige mit großem Gefolge – und auf ihrem Wege war es taghell – auch des Nachts!

Niemand wußte, woher sie kamen und wohin sie gingen; am Morgen war der Boden von den Hufen unzähliger Tiere zerstampft. Von solchem Geschehen sprach man lange Zeit.

Die drei ruhmreichen Könige kamen bald in andere Länder und fremde Gegenden. Jeder machte seinen Weg über Flüsse, Wüsten und Berge, durch Ebenen, Täler und schreckliche Sümpfe ohne irgendwelche Hindernisse. Alle schwierigen und steilen Wege wurden leicht und eben. Sie ruhten weder Tag noch Nacht, sie brauchten weder Speise noch Trank; ohne zu essen und zu schlafen, kamen sie bis nach Bethlehem; es schien ihnen nur ein Tag zu sein. So gelangten sie unter Gottes und des Sternes Führung am dreizehnten Tag nach der Geburt des Herrn bei Sonnenaufgang vor Jerusalem an.

Die ruhmvollen Könige näherten sich mit ihrem Gefolge, jeder auf seinem besonderen Wege, der Stadt Jerusalem bis auf zwei Meilen. Da plötzlich bedeckte dichter Nebel und undurchdringliche Finsternis das ganze Land. Und sie verloren den Stern. Isaias hatte prophezeit: »Auf, werde Licht, Jerusalem, denn dein Licht will kommen, die Herrlichkeit des Herrn erstrahlt dir. Denn Finsternis bedecket die Erde und Wolkendunkel die Nationen.«

Zuerst kam König Melchior mit seinem Gefolge vor Jerusalem auf dem Kalvarienberge an, auf dem später der

Herr gekreuzigt wurde. Auf Gottes Wink lagerte er hier in Nebel und Dunkelheit. Der Kalvarienberg ist ein hoher Fels, fast zwölf Stufen hoch; hier wurden damals die Verbrecher hingerichtet. In der Nähe liefen drei Straßen zusammen; dort blieb Melchior, weil er im Nebel den rechten Weg nicht wusste. Bald darauf kam Balthasar, der König von Godolien und Saba, mit seinem Gefolge und lagerte neben dem Ölberg bei einem kleinen Dorf, das Galiläa heißt.

Als die beiden Könige Melchior und Balthasar hier rasteten, hob sich der Nebel ein wenig, aber der Stern schien nicht. Beide – doch ohne einander zu sehen – zogen etwas weiter, und als sie an die Wegkreuzung gelangten, da gerade kam Caspar, der König von Tharsis und der Insel Egrisoulla, mit seinem Gefolge herauf. An dieser Kreuzung dreier Straßen trafen sich die Könige. Nie zuvor hatten sie sich gesehen, und sie kannten einander nicht. Jetzt aber umarmten und küßten sie sich voller Freude. Obwohl sie verschiedene Sprachen redeten, verstanden sie sich. Jeder erzählte den Anlaß zu seiner Reise, und als sie hörten, daß sie alle drei dasselbe Ziel hatten, wurden sie noch viel froher und freudiger. In diesem Augenblick zerteilte sich der Nebel völlig, die Sonne ging auf, und die Könige zogen ein in Jerusalem. Sie erfuhren, es sei die Königsstadt, die ihre Vorfahren oft erobert hatten; sie hofften, den neugeborenen König hier zu finden.

Vor solch einem riesigen, wohlgerüsteten und unerwarteten Zuge erschrak Herodes und die ganze Stadt, denn das gesamte Gefolge war nun so groß, daß die Mauern die große Menschenmenge nicht fassen konnten; der größte Teil mußte daher außerhalb bleiben und lag wie ein Belagerungsheer rings um die Stadt.

Als die drei Könige nun in Jerusalem einzogen, fragten sie alle Leute nach dem neugeborenen König der Juden. Sie fragten: »Wo ist der neugeborene König der Juden? Wir haben seinen Stern aufleuchten sehen und sind gekommen, um Ihm zu huldigen.«

Als der König Herodes dies hörte, geriet er in Erregung, und ganz Jerusalem mit ihm. Er ließ alle Oberpriester und Schriftgelehrten des Volkes zusammenkommen und fragte sie aus, wo der Christus geboren werden solle. Sie gaben ihm zur Antwort: »Zu Bethlehem in Judäa. Denn also steht beim Propheten geschrieben: ›Und du, Bethlehem im Lande Juda, bist keineswegs die geringste unter

den Fürstenstädten Judas; denn aus dir wird der Fürst hervorgehen, der mein Volk Israel regieren soll«« (Mich 5,1).

Die Könige erfuhren von den Schriftgelehrten, wo Jesus geboren war, und verließen darauf Jerusalem. Und plötzlich sahen sie den Stern wieder. Er ging vor ihnen her bis nach Bethlehem, das zwei kleine Meilen von Jerusalem entfernt liegt. Ihr Weg führte an den Weiden vorbei, wo der Engel den Hirten die Geburt des Herrn verkündet hatte. Als die Hirten die Könige und den Stern erblickten, liefen sie eilig herbei und erzählten, daß ihnen in solch strahlendem Himmelslicht ein Engel erschienen sei und ihnen die Geburt des Herrn verkündet habe. Auch berichteten sie alles, was sie in Bethlehem gehört und gesehen hatten. Das vernahmen die Könige in froher Bewegung! Sie freuten sich über die Worte und Beteuerungen der Hirten, sie hatten ja auch eine Stimme aus dem Stern gehört und hegten keinerlei Zweifel.

Die drei Könige beschenkten die Hirten reichlich, dann verabschiedeten sie sich und ritten weiter. Kurz vor Bethlehem saßen sie ab, kleideten sich in ihre königlichen Gewänder und legten ihren schönsten Schmuck an. Wiederum ging der Stern vor ihnen her, und je näher sie Bethlehem kamen, desto heller erstrahlte sein Licht. Sie waren in der ersten Stunde von Jerusalem aufgebrochen, in der sechsten Stunde des gleichen Tages kamen sie nach Bethlehem. Sie ritten durch die Straße, die »Die Bedeckte« hieß, an deren Ende der Stall und die Höhle lagen. Und plötzlich stand der Stern über dem Stalle still. Er senkte sich herab zwischen die verfallenen Wände aus Lehm und Stein und leuchtete dort mit unbeschreiblicher Klarheit. Der alte Stall und die Höhle waren voll strahlenden Lichts. Dann stieg der Stern wieder in die Höhe des Himmels und stand dort unbeweglich. Doch ein wundersamer Glanz verblieb in der Höhle, und »sie traten in das Haus, sahen das Kind mit Maria, Seiner Mutter, fielen nieder und huldigten Ihm. Dann öffneten sie ihre Truhen und brachten Ihm Geschenke dar: Gold, Weihrauch und Myrrhe.«.

Als die drei Könige den Herrn angebetet und ihm ihre Gaben dargebracht hatten, empfanden sie und ihr Gefolge wieder Müdigkeit, Hunger und Durst, während sie den weiten Weg von den äußersten Grenzen der Erde ohne jede Speise und Trank und ohne Schlaf zurückgelegt hatten. Jetzt schliefen und aßen sie; den ganzen Tag brachten sie in Ruhe in Bethlehem und den benachbarten Orten zu. Überall erzählten sie in Bescheidenheit, warum sie aus so weiter Ferne gekommen waren und wie der Stern sie so wunderbar geführt hatte. Durch solche Erzählungen erstarkte der Glaube der Heiden, die Juden aber ärgerten sich darüber.

Der Evangelist erzählt: die Könige empfingen im Traum den Befehl, sie sollten nicht wieder zu Herodes zurückkehren. So zogen sie auf einem anderen Weg nach Hause. Nun aber leuchtete ihnen der Stern nicht mehr. Auf dem Rückwege suchten sie bei Nacht Unterkunft, sie hatten Speise und Trank nötig für sich und ihr Gefolge und Futter für ihre Tiere wie andere Reisende auch. Auf drei verschiedenen Wegen, aus drei verschiedenen Ländern waren die Könige gekommen und hatten sich auf wunderbare Weise getroffen. Jetzt kehrten sie auf einem Weg zurück.

AM FESTE DER HEILIGEN DREI KÖNIGE
Annette von Droste-Hülshoff

Durch die Nacht drei Wandrer ziehn,
Um die Stirnen Purpurbinden,
Tiefgebräunt von heißen Winden
Und der langen Reise Mühn.
Durch der Palmen säuselnd Grün
Folgt der Diener Schar von weiten;
Von der Dromedare Seiten
Goldene Kleinode glühn,
Wie sie klirrend vorwärts schreiten,
Süße Wohlgerüche fliehn.

Finsternis hüllt schwarz und dicht,
Was die Gegend mag enthalten;
Riesig drohen die Gestalten:
Wandrer, fürchtet ihr euch nicht?
Doch ob tausend Schleier flicht
Los und leicht die Wolkenaue:
Siegreich durch das zarte Graue
Sich ein funkelnd Sternlein bricht.
Langsam wallt es durch das Blaue,
Und der Zug folgt seinem Licht.

Horch, die Diener flüstern leis:
»Will noch nicht die Stadt erscheinen
Mit den Tempeln und den Hainen,
Sie, der schweren Mühe Preis?
Ob die Wüste brannte heiß,

Ob die Nattern uns umschlangen,
Uns die Tiger nachgegangen,
Ob der Glutwind dörrt' den Schweiß:
Augen an den Gaben hangen
Für den König, stark und weis'.«

Sonder Sorge, sonder Acht,
Wie drei stille Monde ziehen
Um des Sonnensternes Glühen,
Ziehn die dreie durch die Nacht,
Wenn die Staublawine kracht,
Wenn mit grausig schönen Flecken
Sich der Wüste Blumen strecken,
Schaun sie still auf jene Macht,
Die sie sicher wird bedecken,
Die den Stern hat angefacht.

O ihr hohen heil'gen drei!
In der Finsternis geboren,
Hat euch kaum ein Strahl erkoren,
Und ihr folgt so fromm und treu!
Und du, meine Seele, frei
Schwelgend in der Gnade Wogen,
Mit Gewalt ans Licht gezogen,
Suchst die Finsternis aufs neu'!
O wie hast du dich betrogen;
Tränen blieben dir und Reu'!

Dennoch, Seele, fasse Mut!
Magst du nimmer gleich ergründen,
Wie du kannst Vergebung finden;

Gott ist über alles gut!
Hast du in der Reue Flut
Dich gerettet aus der Menge,
Ob sie dir das Mark versenge
Siedend in geheimer Glut,
Läßt dich nimmer dem Gedränge,
Der dich warb mit seinem Blut.

Einen Strahl bin ich nicht wert,
Nicht den kleinsten Schein von oben.
Herr, ich will dich freudig loben,
Was Dein Wille mir beschert!
Sei es Gram, der mich verzehrt,
Soll mein Liebstes ich verlieren,
Soll ich keine Tröstung spüren,
Sei mir kein Gebet erhört:
Kann es nur zu Dir mich führen,
Dann willkommen Flamm' und Schwert.

DIE HEILIGEN DREI KÖNIGE
Gustav Nieritz

Der sogenannte heilige Abend vor dem Feste der Erscheinung Christi – in manchen Gegenden früher das große Neujahr genannt – war herbeigekommen und zugleich auch der wirkliche Abend mit seinem

Dunkel. Über den quietschenden Schnee daher trippelten eiligen Schrittes mehrere kleine Personen. Sie sammelten sich in dem Hausflur des Kaufmanns Meier und flüsterten und zischelten und kicherten heimlich zusammen. Verborgen gehaltene Laternen und Leuchten wurden angezündet, in deren Lichte abenteuerlich angeputzte Gestalten sichtbar wurden und Gold und Silber wundersam sich spiegelten.

»Mauschel, klopfe an!« sagte eine halblaute Stimme. »Herr Meier ist gut, der jagt uns nicht fort.«

»Wer klopft?« also fragend öffnete Meier ein wenig die Tür seiner Ladenstube.

»Es sind die heiligen drei Könige mit ihrem Stern, Sie bringen Euch frohe Kunde von unserm Herrn!«

Also ertönte es im Chor.

»Aha!« lachte Herr Meier, »seid ihr schon da? Schön willkommen! Treten herein ihr Majestäten! Und du Friedrich, springst schnell hinauf und holst meine Frau und Kinder herunter. Solange müßt ihr Herren schon gedulden.«

Währenddessen betrachtete Herr Meier die heiligen drei Könige und den sie begleitenden Knaben, welcher einen Juden vorstellte und Mauschel gerufen wurde. Balthasar war der König aus Europa, Kaspar derjenige aus Asien und Melchior der afrikanische Monarch. Letzterer hatte sein Antlitz, sowie die Hände und Arme bis über die Ellenbogen kohlschwarz gefärbt, so daß er hierin einem echten Mohren glich. Über einem blauen Turbane befand sich die goldfunkelnde, gezackte Krone von Pappe und Goldpapier, während unter jenem die schwarzen, natürlich gekräuselten Haare hervorquollen. In den schwarzen Ohrläppchen blitzten zwei Goldreife mit weißen, großen Wachsperlen. Eine gleiche Perlenkette schlang sich um den nackten Hals. Eine ärmellose, enganliegende Jacke von dunklem Tuche umschloß den Oberleib bis zu den Hüften herab, welche eine Art von faltenreichem Unterrocke, aus buntem Papier gefertigt, umgab und die Beinkleider bis zum Knie überdeckte. Die Füße des Mohrenkönigs durfte man freilich nicht näher betrachten. Sie waren, wie bei dem prunkenden Pfaue, die schwächste Stelle, und steckten in ganz gewöhnlichen, derben Lederstiefeln. Dafür nahm sich um so schöner der übergoldete Bogen nebst dem Köcher und den darin steckenden Pfeilen auf dem Rücken des Mohrkönigs aus, der statt eines Zepters in der Hand einen langen Stab mit einem goldenen Sterne trug, welcher sich bei der leisesten Berührung umdrehte. Das Weiße der Augen trat wunderhübsch in dem kohlschwarzen Gesichte hervor, desgleichen die frischroten Lippen des Knaben.

Kaspar hatte das Zepter an sich genommen. Eine Auflösung von Nussbraun hatte seiner sonst weißen Haut eine asiatische Färbung gegeben, die ihn fast unkenntlich machte. Sein blondes Haar war ganz und gar von einer mächtigen Krone verhüllt, welche, außer dem Golde, noch von Rubinen und Smaragden aus buntem Glase funkelte. Ein der Krone ähnelnder Stern zierte seine linke Brust, und sein königliches Kleid enthielt einen solchen Reichtum an buntem Papiere, daß jede seiner Bewegungen von einem hörbaren Rauschen und Knittern begleitet wurde. Außerdem trug Kaspars Linke eine bunte Papierlaterne, ein Meisterstück seines Vetters.

Balthasar, der bescheidene Sohn eines schlichten Holz-
machers, war auch in seiner Rolle als König noch der
bescheidenste geblieben. Nur ein einfacher, gezackter
Goldreif saß auf seinem kastanienbraunen Haare. Ein
pappener Brustharnisch, schwarz mit silbernen Rändern und Verzierungen, umgab seinen Oberkörper und
die Arme; ein buntpapierner Rock seine Hüften; an der
linken Seite hing ein deutsches, gerades Schwert. Sein
linker Arm hielt einen pappenen Schild und seine
Rechte, statt des goldenen Zepters, einen grünen Palmenzweig. Dennoch nahm er sich mit seinen rosenrot
geschminkten Wangen und dem ehrlich deutschen Gesichte am hübschesten unter allen aus.

Vom Mauschel, dem Juden, ist nichts weiter zu erwäh-
nen, als daß derselbe am Kinne einen künstlichen Bart
und in den Händen einen Sack und eine Laterne trug.

Bald erschienen Herrn Meiers Frau, Kinder, Mägde und
Markthelfer; der Gehilfe stritt mit dem Lehrburschen
herum, wer von ihnen im Laden bleiben und die entsprechenden Kunden bedienen sollte; bis endlich der
erstere kraft seiner höheren Würde den Sieg davontrug,
worauf der letztere durch die Glastür hereinlauschte, um
wenigstens Bruchstücke zu sehen und zu hören.

Jetzt begannen die heiligen drei Könige mit singendem
Tone:

>>Wir treten herein ohn' allen Spott
Einen schönguten Abend geb' ihnen Gott!
Einen schönguten Abend, eine fröhliche Zeit,
Die unser Herr Christus hat bereit't.
Wir sind gezogen in großer Eil',
In dreizehn Tagen zweihundert Meil';

Da kamen wir vor des Herodes Haus –
Herodes guckte zum Fenster heraus.
Herodes sprach aus falschem Sinn:
Ihr lieben drei Weisen, wo wollt ihr hin?«

Herr trat Balthasar einen Schritt aus der Mitte seiner Ge-
fährten vor und streckte seine Rechte, welche den grünen
Palmenzweig von Pappe trug, gravitätisch aus. Seine
eigene und des Herodes Rolle spielend antwortete er:
»Ins Galale (Galiläa), ins jüdische Land,
Da sind wir drei Weisen sehr wohl bekannt.«

Herodes:
»Ihr lieben drei Weisen bleibt heute bei mir,
Ich will euch geben Wein und Bier;
Ich will euch geben Stroh und Heu
Und will euch halten frank und frei.«

Nach diesem Zwiegespräche trat Balthasar wieder zurück, um den Kaspar an seine Stelle zu lassen.
Kaspar räusperte sich etwas verlegen, dann begann er
mit etwas schwacher, gedämpfter Stimme:

»Nein, nein! wir müssen weiter fort,
Wir sahen das kleine Kindlein dort,
Das trägt all unsre Sünden,
Und müssen's darum finden.
Wir zogen wohl über den Berg hinaus,
Den Stern sahn wir stehen über dem Haus;
Der Stern leuchtet uns ins Haus hinein,
Da war Maria mit dem Kindelein.

Josephus bei der Krippe saß,
Kartoffeln zu dem Brote aß.

Da taten wir rasch unsre Schätze auf
Und schenkten dem Kinde das Gold zuhauf,
Dazu, wie bei Königen ist der Gebrauch,
Teure Myrrhen und köstlichen Weihrauch.
Da kamen wir auf einen lichten Platz,
Ei, ei, der eine von uns sieht schwarz wie 'ne Katz!
Er ist den drei Weisen sehr wohl bekannt –
Das ist der König aus Mohrenland!«

Jetzt kam die Reihe an Melchior. Keck und stolz trat er
auf. Mit fester Stimme begann er vorzutragen:

»Ich komm' aus dem Mohrenland mit meinem Pfeil
und Bogen;
Die Herren sehn mich an und glaub'n: es sei erlogen!
Auf meinem Haupt trag' ich den Türkenbund
Und trinke Christenblut; es ist mir auch gesund.
Schwarz, schwarz bin ich,
Die Schuld ist meiner nicht,
Die Schuld ist meiner Kindermagd,
Dass sie mich nicht gewaschen hat.
Hätte sie mich gewaschen mit einem Schwamm:
So wär' ich weiß worden wie ein Lamm.
So hat sie mich gewaschen mit einem Lappen,
Drum bin ich schwarz worden wie ein Rappen.«

König Herodes (Balthasar)
»Bist du der König aus Mohrenland,
So zeig mir deine rechte Hand.«

Melchior:

> »Meine rechte Hand? die zeig' ich dir nicht,
> Du bist ein Schelm – ich traue dir nicht.«

Kaspar:

> »Herodes möchte' uns gern betören
> Und spricht, wir sollten wieder zu ihm kehren.
> Allein der Engel sagt's und will es auch glauben,
> Daß er dem Kinde möcht' das Leben gar rauben.
> Das Kindlein ist so fromm und gut,
> Drum nimmt's der Herr in seine Hut.«

Balthasar:

> »Herodes denkt in seinem Sinn:
> Wenn ich nur reich und König bin!
> Das Kind ist mir ein Ärgernis,
> Drum töt' ich's noch – das ist gewiß.
> Doch ihn ereilt ein böser Tod
> Und reißt das Kind aus aller Not.«

Die Könige und der Jude:

> »Wir wollen uns wieder wenden –
> Die Elbe geht mit starkem Eis;
> Herr Meier ist sein Name,
> Er treibt den Handel mit allem Fleiß.«

Wie Herr Meier, wurden nun auch dessen Gattin, Kinder, Dienstleute und die sonst noch Anwesenden besungen. Als der Kaufmann den Kopf seines Lehrburschen durch die Ladentür hereinspähen sah, forderte er, schalkhaft lächelnd, die drei Könige auf, auch ihn zu besingen.

Und diese, gehorsam der Weisung, begannen:

»Wir wollen uns wieder wenden –
Die Elbe geht mit starkem Eis;
Herr Friedrich heißt sein Name,
Er nascht Rosinen mit allem Fleiß.«

Da fuhr der Lehrbursche, sich getroffen fühlend, scham-
rot und unter dem Gelächter der Anwesenden, schnell in
den Laden zurück. Der Jude hingegen blies eine bereit-
gehaltene Tüte mit gepulvertem Kolophonium durch
sein Licht, so daß ein großer Blitz entstand, und sagte in
jüdischer Mundart zu den Umstehenden:

»Die heiligen drei Könige, sie gehn nun nach Haus.
Ihr Weg ist gefährlich, ihr Land ist so weit!
Wo ist ihr Gold? O waimer! aus dem Kästel ist's raus!
Drum gebt ihnen Zehrung mit, ihr lieben Leut'.«

Und Mauschel öffnete seinen Sack und die Hand, um die
Gaben für die Könige zu empfangen, welche schamvoll
ihr Antlitz von dem Bettler wegwendeten und im Fort-
ziehen sangen:

»Der Segen Gottes bleib' im Haus,
Er treib' die Plag' der Krankheit aus.
Halleluja stimmt an die Königsschar
Zu diesem neu erlebten Jahr.«

Nicht leicht ist es dem Erzähler geworden, vorstehende
Knittelverse, wie solche der Volkswitz den sogenannten

heiligen drei Königen zu Ende des achtzehnten und Anfang des neunzehnten Jahrhunderts in den Mund legte, in ihrer ursprünglichen Gestalt aufzutreiben. Wie tief sie aber in dem Volke wurzelten, geht daraus hervor, daß sie noch nach fast einem halben Jahrhundert, nachdem der Umgang jener Könige längst nicht mehr gestattet ist, in der Erinnerung gar vieler älterer Leute fortleben. Die hier aufgezeichneten Reime sind lediglich nach dem Gedächtnisse eines armen Mannes niedergeschrieben, welcher als Knabe einst in der Rolle des Königs Balthasar sich reich und glücklich dünkte.

Und sie taten ihre Schätze auf – die heiligen drei Könige nämlich, als sie am Spätabende in Kaspars Kellerwohnung zurückgekehrt waren – und förderten aus dem Sacke Mauschels hervor – zwar nicht Gold, Myrrhen und Weihrauch – wohl aber Semmeln, kleine und größere Würste, Weißbrötchen, Äpfel, Nüsse, Pfefferkuchen, ja sogar Pfeffergurken, die im Vereine mit einigen sauren, dem Sacke einen herzhaften Wohlgeruch mitteilten; ferner Heringe, Zwiebeln, Mohnhäuter, Kienbündel, Butterstollen-Stückchen, kleine Tüten mit Kaffee, Zucker, Ingwer, Pfeffer und Salz, sowie andere Dinge mehr. Selbst einen Feuerrüpel von gebackenen Pflaumen und buntscheckigen Hanswurst hatte die Laune der Geber dem Sacke einverleibt, dessen Inhalt unter stets erneutem Freudengeschrei hervorgeholt wurde. Aber auch klingende und runde Erkenntlichkeiten hatten die von den Königen Angesungenen geopfert. Als Mauschel seine Westentasche auf dem Tische ausleerte, vergaß man über dem verführerischen Anblicke größerer und kleinerer Silbermünzen, dem nur wenige Kupferstücke beigemischt waren, fast der übrigen Gaben.

DIE HEILIGEN DREI KÖNIGE

Heinrich Heine

Die Heiligen Drei Könige aus dem Morgenland,
sie fragten in jedem Städtchen:
»Wo geht der Weg nach Bethlehem,
ihr lieben Buben und Mädchen?«

Die Jungen und Alten, sie wußten es nicht,
die Könige zogen weiter;
sie folgten einem goldenen Stern,
er leuchtete lieblich und heiter.

Der Stern blieb stehen über Josephs Haus,
da sind sie hineingegangen;
das Öchslein brüllte, das Kindlein schrie,
die Heiligen Drei Könige sangen.

Die heiligen drei Könige mit ihrem Stern,
sie essen, sie trinken und zahlen nicht gern.

DIE HEILIGEN DREI KÖNIGE

Ludwig Ganghofer

»Die Heiligen Drei König mit ihrem Stern,
die essen und trinken und zahlen net gern,
sie reiten auf ein weißen Roß
vor jedes Haus, vor jedes Gschloß
und tragen um zu stopfen
einen leeren Sack und klopfen
an alle Fenster, alle Türn,
ob s' net ebbes kriegen wern.
Draus in Tenna
laufn die fettn Henna,
droben in First
hangen die Würst,
gebt's mir die langen,
laßt die kurzen hangen!
Kletzen raus, Küechle raus,
oder ich schlag ein Loch ins Haus,
Äpfel raus, Birn raus,
geh mer in ein anders Haus!
Klopf an, klopf an,
die Bäurin hat ein schöna Mann,
die Bäurin is die schönste Frau,
was sie hat, das gibt's mir a...«

DAS GESCHENK DER WEISEN
O'Henry

*E*in Dollar und siebenundachtzig Cent. Das war alles. Und sechzig Cent davon in Pennies. Stück für Stück ersparte Pennies, wenn man hin und wieder den Kaufmann, Gemüsemann oder Fleischer beschwatzt hatte, bis einem die Wangen brannten im stillen Vorwurf der Knauserei, die solch ein Herumfeilschen mit sich brachte. Dreimal zählte Della nach. Ein Dollar und siebenundachtzig Cent. Und morgen war Weihnachten.

Da blieb einem nichts anderes, als sich auf die schäbige kleine Chaise zu werfen und zu heulen. Das tat Della. Was zu der moralischen Betrachtung reizt, das Leben bestehe aus Schluchzen, Schniefen und Lächeln, vor allem aus Schniefen.

Wahrend die Dame des Hauses allmählich von dem ersten Zustand in den zweiten übergeht, werfen wir einmal eine Blick auf das Heim. Eine möblierte Wohnung für acht Dollar die Woche. Sie war nicht gerade bettelhaft zu nennen; höchstens für jene Polizisten, die speziell auf Bettler gehetzt wurden.

Unten im Hausflur war ein Briefkasten, in den nie ein Brief fiel, und ein Klingelknopf, dem keines Sterblichen Finger je ein Klingelzeichen entlocken konnte. Dazu gehörte auch eine Karte, die den Namen »Mr. James Dillingham jr.« trug. Das »Dillingham« war in einer früheren Zeit der Wohlhabenheit, als der Eigentümer dreißig Dollar die Woche verdiente, hingepfeffert wor-

den. Jetzt, da das Einkommen auf zwanzig Dollar zu-
sammengeschrumpft war, wirkten die Buchstaben des
»Dillingham« verschwommen, als trügen sie sich allen
Ernstes mit dem Gedanken, sich zu einem bescheidenen
und anspruchslosen D zusammenzuziehen. Aber wenn
Mr. James Dillingham jr. nach Hause und oben in seine
Wohnung kam, wurde er »Jim« gerufen und von Mrs.
James Dillingham jr., die bereits als Della vorgestellt
wurde, herzlich umarmt. Was alles sehr schön ist.
Della hörte auf zu weinen und fuhr mit der Puderquaste
über ihre Wangen. Sie stand am Fenster und blickte trüb-
selig hinaus auf eine graue Katze, die auf einem grauen
Zaun in einem grauen Hinterhof spazierte. Morgen war
Weihnachten, und sie hatte nur einen Dollar siebenundachtzig, um für Jim ein Geschenk zu kaufen. Monatelang
hatte sie jeden Penny gespart, wo sie nur konnte, und dies
war das Resultat. Zwanzig Dollar die Woche reichen nicht
weit. Die Ausgaben waren größer gewesen, als sie gerech-
net hatte. Das ist immer so. Nur einen Dollar siebenundachtzig, um für Jim ein Geschenk zu kaufen. Für ihren
Jim. So manche glückliche Stunde hatte sie damit ver-
bracht, sich etwas Hübsches für ihn auszudenken. Etwas
Schönes, Seltenes, Gediegenes − etwas, was annähernd
der Ehre würdig war, Jim zu gehören. Zwischen den Fenstern stand ein Trumeau. Vielleicht haben Sie schon einmal eine Trumeau in einer möblierten Wohnung zu acht
Dollar gesehen. Ein sehr dünner und beweglicher Mensch
kann, indem er sein Spiegelbild in einer raschen Folge
von Längsstreifen betrachtet, eine ziemlich genaue Vorstellung von seinem Aussehen erhalten. Della war eine
schlanke Person und beherrschte diese Kunst.

Plötzlich wirbelte sie von dem Fenster fort und stand vor dem Spiegel. Ihre Augen glänzten und funkelten, aber ihr Gesicht hatte in zwanzig Sekunden die Farbe verloren. Flink löste sie ihr Haar und ließ es in voller Länge herabfallen.

Zwei Dinge besaßen die James Dillinghams jr., auf die sie beide unheimlich stolz waren. Das eine war Jims goldene Uhr, die seinem Vater und davor seinem Großvater gehört hatte. Das andere war Dellas Haar. Hätte die Königin von Saba in der Wohnung jenseits des Luftschachts gelebt, dann hätte Della eines Tages ihr Haar zum Trocknen aus dem Fenster gehängt, um Ihrer Majestät Juwelen und Vorzüge im Wert herabzusetzen. Wäre König Salomo der Portier gewesen und hätte all seine Schätze im Erdgeschoß aufgehäuft, Jim hätte jedesmal seine Uhr gezückt, wenn er vorbeigegangen wäre, bloß um zu sehen, wie sich der andere vor Neid den Bart raufte.

Jetzt floß also Dellas Haar wellig und glänzend an ihr herab wie ein brauner Wasserfall. Es reichte bis unter die Kniekehlen und umhüllte sie wie ein Gewand. Nervös und hastig steckte sie es wieder auf. Einen Augenblick taumelte sie und stand ganz still, während ein paar Tränen auf den abgetretenen Teppich fielen.

Die alte braune Jacke angezogen, den alten braunen Hut aufgesetzt, und mit wehenden Röcken und immer noch das helle Funkeln in den Augen, schoß sie zur Tür hinaus und lief die Treppe hinab auf die Straße.

Wo sie stehenblieb, lautete das Firmenschild *Mme. Sofronie. Alle Sorten Haarersatz*. Della rannte die Treppe hinauf und versuchte atemschöpfend, sich zu sammeln.

Madame, groß, zu weiß und frostig, sah kaum nach »Sofronie« aus.

»Wollen Sie mein Haar kaufen?«, frage Della.

»Ich kaufe Haare«, sage Madame. »Nehmen Sie den Hut ab, damit wir es einmal ansehen können.«

Der braune Wasserfall stürzte in Wellen herab.

»Zwanzig Dollar«, sagte Madame, mit kundiger Hand die Masse anhebend.

»Geben Sie nur schnell her«, sagte Della.

Oh, und die nächsten beiden Stunden trippelten auf rosigen Schwingen. Sie durchwühlte die Läden nach dem Geschenk für Jim.

Schließlich fand sie es. Bestimmt war es für Jim und für niemand sonst gemacht. Keins gab es in den Läden, das diesem glich, und sie hatte in allen das Oberste zuunterst gekehrt. Es war eine Uhrkette aus Platin, einfach und edel im Dessin, die ihren Wert auf angemessene Weise durch das Material und nicht durch eine auf den Schein berechnete Verzierung offenbarte – wie es bei allen guten Dingen sein sollte. Sie war sogar *der Uhr* würdig. Kaum hatte sie die Kette erblickt, als sie auch schon wußte, daß sie Jim gehören müsse. Sie war wie er. Überlegene Ruhe und Wert – das passte auf beide. Einundzwanzig Dollar nahm man ihr dafür ab, und mit den siebenundachtzig Cent eilte sie nach Hause. Mit dieser Kette an der Uhr konnte Jim wirklich in jeder Gesellschaft um die Zeit besorgt sein. So großartig die Uhr war, manchmal blickte er wegen des alten Lederriemchens, das er an Stelle einer Kette benutzte, nur verstohlen nach ihr.

Als Della zu Hause angelangt war, wich ihr Rausch ein

wenig der Vorsicht und der Vernunft. Sie holte ihre Brennschere heraus, zündete das Gas an und machte sich ans Werk, die Verheerungen auszubessern, die von Freigebigkeit in Verein mit Liebe angerichtet worden waren. Was stets eine gewaltige Aufgabe ist, liebe Freunde – eine Mammutaufgabe.

Nach vierzig Minuten war ihr Kopf dicht mit kleinen Löckchen bedeckt, mit denen sie wundervoll aussah, wie ein schwänzender Schuljunge. Lange, sorgfältig und kritisch betrachtete sie ihr Spiegelbild.

»Wenn mich Jim nicht umbringt, bevor er mich ein zweites Mal ansieht, wird er sagen, ich sehe aus wie ein Chormädel von Coney Island«, meinte sie bei sich. »Aber was – oh, was hätte ich denn mit einem Dollar siebenundachtzig anfangen sollen?«

Um sieben war der Kaffee gekocht, und die Bratpfanne stand hinten auf der Kochmaschine, heiß und bereit, die Kotelette zu braten. Jim verspätete sich nie. Della ließ die Uhrkette in ihrer Hand verschwinden und setzte sich auf die Tischkante nahe der Tür, durch die er immer eintrat. Dann hörte sie einen Schritt auf der Treppe, unten, auf den ersten Stufen, und wurde einen Augenblick blass. Sie hatte sich angewöhnt, wegen der einfachsten Alltäglichkeiten stille kleine Gebete zu murmeln, und jetzt flüsterte sie: »Bitte, lieber Gott, mach, daß er mich noch hübsch findet.«

Die Tür öffnete sich, Jim trat ein und schloß sie. Er sah mager und sehr feierlich aus. Armer Junge, er war erst zweiundzwanzig – und schon mit Familie belastet! Er brauchte einen neuen Mantel und hatte auch keine Handschuhe.

Jim blieb an der Tür stehen, reglos wie ein Vorstehhund, der eine Wachtel ausgemacht hat. Seine Augen waren auf Della geheftet, und ein Ausdruck lag in ihnen, den sie nicht zu deuten vermochte und der sie erschreckte. Es war weder Ärger noch Verwunderung, weder Mißbilligung noch Abneigung noch überhaupt eines der Gefühle, auf die sie sich gefaßt gemacht hatte. Er starrte sie nur unverwandt an mit diesem eigentümlichen Gesichtsausdruck.

Della rutschte langsam vom Tisch und ging zu ihm.

»Jim, Liebster«, rief sie, »sieh mich nicht so an. Ich hab mein Haar abschneiden lassen und verkauft, weil ich Weihnachten ohne ein Geschenk für dich nicht überlebt hätte. Es wird wieder wachsen – du nimmst es nicht tragisch, nicht wahr? Ich mußte es einfach tun. Mein Haar wächst unheimlich schnell. Sag mir fröhliche Weihnachten, Jim, und laß uns glücklich sein. Du ahnst nicht, was für ein hübsches, wunderschönes Geschenk ich für dich bekommen habe.«

»Du hast dein Haar abgeschnitten?« fragte Jim mühsam, als könne er selbst nach schwerster geistiger Arbeit nicht an den Punkt gelangen, diese offenkundige Tatsache zu begreifen.

»Abgeschnitten und verkauft«, sagte Della. »Hast du mich jetzt nicht noch ebenso lieb? Ich bin auch ohne mein Haar noch dieselbe, nicht wahr?«

Jim blickte neugierig im Zimmer umher.

»Du sagst, dein Haar ist weg?« bemerkte er mit nahezu idiotischem Gesichtsausdruck.

»Du brauchst nicht danach zu suchen«, sagte Della. »Ich sag' dir doch, es ist verkauft – verkauft und weg. Heute ist Heiligabend, Jungchen. Sei nett zu mir, denn es ist ja für dich weg. Vielleicht waren die Haare auf meinem Kopf gezählt«, fuhr sie mit einer jähen, feierlichen Zärtlichkeit fort, »aber nie könnte jemand meine Liebe zu dir zählen. Soll ich die Kotelette aufsetzen, Jim?«

Jim schien im Nu aus seiner Starrheit zu erwachen. Er umarmte seine Della. Wir wollen inzwischen mit diskreten Forscherblicken zehn Sekunden lang eine an sich unwichtige Sache in anderer Richtung betrachten. Acht Dollar die Woche oder eine Million im Jahr – was ist der Unterschied? Ein Mathematiker oder ein Witzbold würden uns eine falsche Antwort geben. Die Weisen brachten wertvolle Geschenke, aber dies war nicht darunter. Diese dunkle Behauptung soll später erläutert werden. Jim zog ein Päckchen aus der Manteltasche und warf es auf den Tisch.

»Täusch dich nicht über mich, Dell«, sagte er. »Du darfst nicht glauben, daß so etwas wie Haar schneiden oder stutzen oder waschen mich dahin bringen könnte, mein Mädchen weniger liebzuhaben. Aber wenn du das Päckchen auspackst, wirst du sehen, warum du mich zuerst eine Weile aus der Fassung gebracht hast.«

Weiße Finger rissen hurtig an der Strippe und am Papier. Und dann ein verzückter Freudenschrei, und dann – ach! ein schnelles weibliches Hinüberwechseln zu hysterischen Tränen und Klagen, die dem Herrn des Hauses den umgehenden Einsatz aller Trostmöglichkeiten abforderten. Denn da lagen die Kämme – die Garnitur Kämme, die Della seit langem in einem Broadway-Schaufenster angeschmachtet hatte. Wunderschöne Kämme, echt Schildpatt mit juwelenverzierten Rändern – gerade in der Schattierung, die zu dem schönen, verschwundenen Haar gepaßt hätte. Es waren teure Kämme, das wußte sie, und ihr Herz hatte nach ihnen gebettelt und gebärmt, ohne die leiseste Hoffnung, sie je zu besitzen. Und nun waren sie ihr eigen; aber die Flechten, die der ersehnte Schmuck hätte zieren sollen, waren fort. Doch sie presste sie zärtlich an die Brust und war schließlich so weit, daß sie mit schwimmenden Augen und einem Lächeln aufblicken und sagen konnte: »Mein Haar wächst so schnell, Jim!«

Und dann sprang Della auf wie ein gebranntes Kätzchen und rief: »Oh, oh!«

Jim hatte ja noch nicht sein schönes Geschenk gesehen. Ungestüm hielt sie es ihm auf der geöffneten Hand entgegen. Das leblose, kostbare Metall schien im Abglanz ihres strahlenden, brennenden Eifers zu blitzen.

»Ist die nicht toll, Jim? Die ganze Stadt hab' ich danach abgejagt. Jetzt mußt du hundertmal am Tag nachsehen, wie spät es ist. Gib mir die Uhr. Ich möchte sehen, wie sich die Kette dazu macht.«

Statt zu gehorchen, ließ er sich auf die Chaiselongue fallen, legte die Hände im Nacken zusammen und lächelte.

»Dell«, sagte er, »wir wollen unsere Weihnachtsgeschenke beiseite legen und eine Weile aufheben. Sie sind zu hübsch, um sie jetzt schon in Gebrauch zu nehmen. Ich habe die Uhr verkauft, um das Geld für die Kämme zu haben. Wie wäre es, wenn du die Kotelette braten würdest?«

Die Weisen waren, wie ihr wißt, weise Männer – wunderbar weise Männer –, die dem Kind in der Krippe Geschenke brachten. Sie haben die Kunst erfunden, Weihnachtsgeschenke zu machen. Da sie weise waren, waren natürlich auch ihre Geschenke weise und hatten vielleicht den Vorzug, umgetauscht werden zu können, falls es Dubletten gab. Und hier habe ich euch nun schlecht und recht die ereignislose Geschichte von zwei törichten Kindern in einer möblierten Wohnung erzählt, die höchst unweise die größten Schätze ihres Hauses füreinander opferten. Doch mit einem letzten Wort sei den heutigen Weisen gesagt, daß diese beiden die weisesten aller Schenkenden waren. Von allen, die Geschenke geben und empfangen, sind sie die weisesten. Überall sind sie die weisesten. Sie sind die wahren Weisen.

DAS GLÜCK DER WEISEN
Johann Peter Hebel

Weise ist der Mann, der aus den Händen des Glücks nicht mehr verlangt, als er bedarf, und der seine Ruhe nicht in der Befriedigung, sondern in der Mäßigung seiner Begierden sucht. Kann er sich auch nicht in Seide und Purpur hüllen: er will nur seine Blöße decken. Reizen auch Indiens Gewürze und Zyperns Weine seinen Gaumen nicht, er will nur seinen eigenen Körper nähren und seine Kräfte unterstützen. Keine Marmorsäulen tragen sein Dach, aber es schützt ihn gegen die Stürme des Himmels. Er wird nicht unter den

Reichen, nicht unter den Angesehenen seines Volkes gepriesen, ihm genügt der Name eines guten Menschen, eines friedlichen Bürgers, eines treuen Familienvaters. Er sieht sich nicht von Schmeichlern umlagert; kein Schwarm von Dienern erwartet seine Befehle; keine Klienten huldigen ihm; keine Fremden drängen sich zu seiner Bekanntschaft; ihm genügt ein Freund. Um sich sein mäßiges Glück zu gönnen, gönnt er jedem andern sein großes.

Das wahre und sichere Glück des Lebens liegt nicht außer uns, sondern in uns; nicht in den Goldkisten, nicht in dem Adelsbriefe, nicht in dem schäumenden Pokal, sondern in ruhigen, zur Freude rein gestimmten Herzen. Wer mit einer Brust voll ungeziemter, brennender Leidenschaft seine Ruhe im Reichtum oder in dem Stande sucht, findet sie nie. Er hat eine Million gehäuft und findet sie nicht; er häuft die zweite und findet sie noch nicht. Er ist aus dem Staube in die Ratsstube, in das Kabinett des Fürsten, an die Spitze einer Armee, auf den Thron gestiegen. Immer höher und nie erreichbar stieg sie vor ihm auf, je höher er selber stieg. Selbst auf dem Thron sitzt sie nur für den, der sie auf den Thron mitbringt. Nur der Zufriedene, der seine Wünsche auf das beschränkt, was Natur und Glück und Fleiß ihm gewährt, und in dem Besitz und Genuss dessen seine Wünsche befriedigt sieht, nur er hat Ruhe und für die Freude des Lebens einen offenen Sinn. Nur ihm lächelt der Frühling und seine Blüten; ihm schwanken die Gipfel des Blütenhains in der kraftbewegten Luft; ihm flüstert die vertrauliche Quelle. Sanfter Schlummer besucht seine Lagerstätte, während auf seidenen Polstern

den Reichen die Sorgen, den Ehrsüchtigen der Neid, den Schwächling die Sünden quälen und der Ausschweifende in lärmenden Sälen sich zum Schwächling entkräftet; und mit leichtem Sinn und leichtem Herzen wacht er am Morgen auf, begrüßt die wiederkehrende

Sonne und hat ein offenes Herz für alle neuen Freuden der Natur.

Um sich sein gemäßigtes Glück zu gönnen, gönnt er jedem andern sein größeres. Dankbar und mit Vertrauen blickt er zum Himmel auf, der die Waage des Schicksals hält. Ohne Reue schaut er in die Vergangenheit, ohne Furcht in die Zukunft. Untreu ist jeder andere Besitz, unentreißbar nur der, den wir im Herzen tragen.

INHALTSVERZEICHNIS

Quellenverzeichnis

Johannes Derksen, Meine Weihnachtskrippe
aus: Johannes Derksen, Kalendergeschichten
St. Benno-Verlag 1970

Johannes Derksen, Meine Weihnachten 1917
aus: Johannes Derksen, Kalendergeschichten
St. Benno-Verlag 1970

Hans Fallada, »Lieber Hoppelpoppel«
aus: H. F. Märchen und Geschichten
© Aufbau Verlag Berlin und Weimar, 1985

Selma Lagerlöf, Die Heilige Nacht
aus: Selma Lagerlöf, Christuslegenden
© 1948 by nymphenburger in der F. A. Herbig
Verlagsbuchhandlung GmbH, München
Übersetzt von Marie Franzos

Karl Heinrich Waggerl
Und es begab sich
© Otto Müller Verlag, Salzburg 2000, 50. Auflage